管理研究

2015 年第 1 辑

邓大松　向运华　主编

中国金融出版社

责任编辑：肖丽敏
责任校对：张志文
责任印制：陈晓川

图书在版编目（CIP）数据

管理研究. 2015年. 第1辑/邓大松，向运华主编. —北京：中国金融出版社，2018.12
ISBN 978 - 7 - 5049 - 9883 - 5

Ⅰ. ①管…　Ⅱ. ①邓…②向…　Ⅲ. ①管理学—研究　Ⅳ. ①C93

中国版本图书馆 CIP 数据核字（2018）第 279559 号

出版
发行　中国金融出版社

社址　北京市丰台区益泽路 2 号
市场开发部　（010）63266347，63805472，63439533（传真）
网 上 书 店　http://www.chinafph.com
　　　　　　（010）63286832，63365686（传真）
读者服务部　（010）66070833，62568380
邮编　100071
经销　新华书店
印刷　北京市松源印刷有限公司
尺寸　169 毫米 × 239 毫米
印张　6.25
字数　90 千
版次　2018 年 12 月第 1 版
印次　2018 年 12 月第 1 次印刷
定价　30.00 元
ISBN 978 - 7 - 5049 - 9883 - 5
如出现印装错误本社负责调换　联系电话（010）63263947

目　录

○ ○ ○ contents

（2015 年第 1 辑）

1978 年以来中美政府改革比较

——从适度政府规模的视角

◎吴 钰 陈世香

武汉大学政治与公共管理学院，湖北武汉，430072

摘 要： 第二次世界大战以来，美国政府改革经验已经成为世界各国政府改革借鉴的主要参考样本。其政府改革的成功可以归结为六个字：小政府，大社会。中国中央政府自 20 世纪 80 年代从计划经济向市场经济转型以来，进行了六次大规模机构改革，主要目的是转变政府职能并削减多余的机构和人员。尽管中美两国政府的改革原则和改革路径各不相同，但都有一个共同的目标：控制政府规模。适度政府规模与一个国家的行政管理效率、经济增长和社会稳定密切相关，如何衡量适度的政府规模，中美两国政府在政府改革过程中是否实现了适度政府规模，政府规模之间存在怎样的差异，是本文关注的主要问题。

关键词： 政府改革 机构改革 适度政府规模 比较研究

一、研究背景与文献综述

自 20 世纪 70 年代后期以来，西方国家普遍进行了一场声势浩大且旷日持久的政府改革运动。不管各国改革的性质、规模和途径有何不同，它们都存在着一个共同的特征：在这些国家政府改革中，削减政府经费与规模几乎成为一种普遍现象。政府规模与一个国家的行政管理效率、经济增长和社会稳定密切相关，如何把政府规模控制在适度的范围始终是各国政府改革追求的目标。就美国而言，其政府改革经验已经成为世界各国政府改革借鉴的主要参考样本之一，其政府改革秘诀可以归纳为六个字：小政府，大社会。自20世纪80年代我国从计划经济向市场经济转型以来，中国政府同样进行了一系列改革，主要目的是转变政府职能并削减多余的机构和人员。

以"小政府，大社会"为核心理念的美国政府改革和以"精简机构，高效协调"为改革目标的中国政府改革，都将改革重点放在了控制政府规模上，即如何实现一个适度规模的政府，使之既能保证经济发展和社会稳定，又不至于机构膨胀。然而，目前学术界对政府规模的界定仍然没有完全统一的说法，学者们也有一些不同的理解。不过，总体而言，学者对政府规模概念内涵的认识基本达成了一致。其中，早在1991年，李军在《略论政府规模与活动范围的经济界限》一文中使用财政支出占国民收入的比重作为衡量规模的指标，这是目前掌握的文献中，国内最早对政府规模问题的探讨。同时，他也提出，财政支出占国民收入的比重不是衡量政府规模的唯一指标。[1] 1994年，胡家勇首次使用政府机构中工作人员的数量来衡量政府规模，并解释了中国改革开放以后，随着市场在资源配置中作用的增加，政府规模为什么没有减小反而增大的现象。[2] 在此基础上，王玉明1998年提出了较具有代表性的界定，他认为政府规模应该是以职能和权力配置为基础，按一定组织原则建构的政府各具体组成部分的总和。[3]

2000年以后，研究政府规模问题的文献大幅增加，学者们在衡量政府规模指标的选择上也出现了大量的不同看法。毛寿龙从经济的角度对政府规模进行了分析，提出政府规模要有一个适当的度，过大、过小都是不经济的。他认为衡量政府规模的数量标准有4个：一是公务人员数量指标，通常用政府工作人员占总人口的百分比、占就业人口的百分比来表示；二是机构数量指标，包括横向规模、层级规模和综合指标；三是财政指标，它是最常用的政府规模衡量指标，采用政府总支出占 GDP 的比重来衡量；四是公务指标，比如警察的逮捕数量、出警的次数、企业许可证的审批量、护照的批发量等，一般指政府的范围（scope）。[4] 张雅林的观点与毛寿龙基本相似，略有差异。他认为，政府规模是指行使国家权力的所有政府决策和执行机构人员及其支出规模。因此，衡量政府规模使用 3 个基本数量指标：一是政府支出和消费占 GDP 的比重，二是行政机构数量（包括横向管理幅度和纵向层级厚度两种结构型规模），三是政府公务人员与总人口或就业人数之比。[5] 刘霖在研究中认为，衡量政府规模，除了通常使用的政府消费占 GDP 的比重和公务员数量占总人口比重两个指标外，可以使用政府公务员福利水平这一指标。[6] 高慧珠等人通过四个维度构建了一个政府规模评估体系框架，包括精简维度、效率维度、公平维度和自律维度。[7] 加拿大费雷泽研究所（Fraser Institute）在衡量政府规模时，采用了 4 个指标，分别是政府消费占总消费的比例、转移支付和补贴占 GDP 的比例、国有企业的投资占总投资的比例和最高边际税率。[8] 金玉国等人则认为，政府规模应该用政府公务员（或从业人员）数量占所有全社会就业人数（或总人口）的比重来衡量，具体来说，包含政府部门的就业人数／全社会就业人数比重（权重为 0.6）和政府部门的工资总额／全社会工资总额比重（0.4）两个数据。[9]

综上分析，学术界在如何衡量政府规模的大小或者说选择政府规模的测度指标上，始终都存在着不同的看法，而且，学者们也在不断地提出新的衡量指标。但是，既有的研究也表现了一个总体性的趋势：政府规模的测度主要使用财政规模和人员规模两个指标。其中，一个指标是政府财政总支出占 GDP 的比重，即财政规模；另一个是"官民比"指标，即人员规模。[10] 国际上通用的是第一个指标，比如彼得斯在《官僚政治》一书中，就是通过考察公共支出的数字来了解政府角色的转变，而且认为这一指标展示了政府活动中最直观的部分。[11] 英国学者诺尔曼·吉麦尔在《公共部门增长理论与国际经验比较》一书中，同样使用公共支出占 GDP 的比例衡量政府的相对规模。[12] 在国内的研究中，使用第一个指标测度政府规模也占据着主流的位置，经济学、公共财政学领域学者的研究，基本上是对政府财政规模的分析。同时，随着近年来政府机构改革的推进以及舆论界对于政府官员规模的批评，政治学、行政学领域的学者也开始关注政府的人员规模问题，比如朱光磊和张东波的《中国政府官员规模问题研究》、[13]马树才等人的《地方行政、事业编制配置与总量调控研究》[14]都是对政府人员规模的分析。

二、基本概况与研究设计

（一）中美两国政府改革概况

1. 中国国务院机构改革概况

改革开放以来的三十多年里，国务院已进行了六次大规模改革，每五年一次，每一次机构改革都减少了机构数量。1998 年之前，每一次机构改革之后都伴随着一次机构膨胀的反弹；1998 年之后，机构数量得到了控制，行政编制也得到了刚性控制。1998 年改革大规模精简了与计划经济直接相关的部门。2003 年改革在政府职能框架基本确定的前提下，政府机构的格局也开始大体定型。2008 年改革进一步调整了政府职能，政府机构框架基本适应了经济社会发展和市场经济的需要。简而言之，我国政府推动的这一系列机构改革，其总目标是适应经济体制改革的需要，转变政府职能，调整政府机构的结构与人员；在漫长的改革过程中，我国政府改革伴随经济体制改革不断深化，这个不断深化的过程主要表现为从精简机构到转变职能，从理顺关系到职能整合与政府转型。

2. 美国政府改革概况

贯穿整个 20 世纪的美国政府改革，可以划分为五个阶段：第一阶段（1900—1940 年）为效率阶段，以好政府为目标，政府改革关注的主要是效率；第二阶段（1940—1970 年）为预算阶段，以控制开支为目标；第三阶段（1970—1980 年）为管理阶段，以效率和效益为目标；第四阶段（1980—1992 年）为私有化阶段，以精简政府为目标；第五阶段（1992 年至今）为重塑政府阶段，以振兴政府为目标。纵观美国政府 100 多年来的改革历程，尽管不同时期的改革目标不同，但关注的内容都是如何建立一个有效率、低成本的政府。历次美国政府改革也都实现了降低运作成本提高政府效益的目标。[15]

尽管中美两国的政府改革有着不同的改革目标、改革原则和方案设计，但都有一个共同的特征：完善政府职能，建立一个精简高效的政府。精简高效的政府意味着从整体上看政府规模处在适度的状态。那么如何确定政府的适度规模？如何判断中美两国政府在长期以来的改革过程中是否实现了适度政府规模的目标？如何比较两国在不同发展时期的政府规模状况？本文将基于计量比较分析的方法，对这一主题进行探讨。

（二）政府改革与政府规模的相关性

关于政府规模，从古典到现代政治学、经济学、管理学都有论及，而近代以来尤以 20 世纪五六十年代兴起的公共选择学派和七八十年代新公共管理主义最具系统性和针对性。公共选择理论认为，政府和市场作为两种不同的资源配置方式而存在：政府提供公共物品或产品，消除外部不经济；市场则提供私人产品交换的条件。政府把提供公共物品作为自己的职责，具有垄断性和不可替代性，实现这种职责的途径是行使公共权力。由于政府也是注重寻求私利的利益实体，因此政府在提供公共物品时并不能保证其完全公正。所以，政府在实现其功能的同时，为了更多地获取自身利益，必然导致规模扩张。与公共选择学派注重从政府职能入手不同，新公共管理主义多从财政问题出发来阐明政府规模扩张。该理论认为韦伯官僚制的致命弊端就是造就了无效、傲慢、臃肿、浪费的政府，不计成本的浪费行为遍及政府各个部门却缺乏有效监督制约的力量，这一切是与私营部门的经营理念背道而驰的。所以，要从根本上抑制政府规模，必须改革财政供给方式，建立企业家政府，注重产出和效益而不是花费和输入，把纳税人的钱使用得更有效率，从而对公众更有责任心。[16]

总体上看，西方自由主义经济学家极力反对政府对经济的干预，主张所谓"小政府，大社会"。但是，理论界仍然认为，作为公共品提供者的政府，应该在经济和社会发展中起一定的积极作用。也就是说，政府规模需要有一个适度的量的规模来保证经济发展和社会稳定，既不能过大，也不能过小。于是，如何确定政府的适度规模，一个国家的政府规模控制在多大量的基础上为最佳，就成为各国学者和政界关注的核心论题，也是到目前为止没有确定结论的问题之一。一方面，由于各国政治制度、经济体制、自然环境和文化传统不同，政府的作用各不一样，因此政府的规模也就不同；即使是同一个国家，在不同的发展阶段和经济发展水平不同的地区，政府规模也有不同的要求。另一方面，经济学家对政府干预经济效果的看法也存在较大的分歧。自由主义经济学家认为，虽然市场机制存在一定的限度，但是政府干预并不能弥补这些市场的失灵，反而会造成经济行为新的扭曲，甚至出现政府失灵。而主张政府介入市场失灵的经济学家认为，政府是市场失灵的重要补充和替代。这些理论上的分歧，造成了对政府规模及其适度性标准看法上的不一致。另外，影响适度政府规模的因素是多方面的，既有技术上的原因，也有国土面积、人口数量和素质以及交通通信设施等方面的因素，还有公务人员素质和政府机构设置以及经济运行体制方面的因素。相应地，政府规模的量的适度规定难以用一个单项指标进行衡量，必须用多个项目指标来综合衡量。[17]

克拉维斯和萨莫斯等人在对 115 个国家 20 年发展情况的统计调查和定量分析后认为，适当的政府规模在多数发展中国家里起着不可替代的作用。[18]适当的政府规模，既能保证政府在发展过程中的权威地位，以处理纷繁复杂的事务，又能保证政府在经济发展中起到推动和引导作用。适度政府规模在量的规定性上表现为三项指标的有机组合，并根据经济社会发展的要求实现动态平衡。首先，要保证政府财政支出占国内生产总值的比重能够根据经济发展的不同阶段逐步递增。其中，在现代化起步阶段，20% 左右的规模比较合理，只有这样才能为政府管理社会事务、推动经济发展提供充足的资金支持，同时，也为政府自身发展提供动力，以保证足够但不多余的政府消费支出。其次，政府机构的设置虽然因各国管理体制的差别和政治发展过程的不同而略有差别，但根据基本职能的规定，单一制国家中央政府机构设置可在 30 个到 40 个部门，纵向为三个到四个行政管理层级。政府职能决定着政府规模的量的规定，要根据经济社会发展需求，在转变政府职能过程中动态确定政府机构的总体规模和某一特定机构的规模。最后，公务人员总量也要适应政府职能的变化，占人口总量的比例在不同发展阶段上应有所不同，并随着经济社会的发展而适度上升，但是，在现代经济环境下，西方发达国家的比例一般都要高于新兴工业化国家。[19]

（三）研究数据来源与基本思路

根据上文的文献综述，本文选取了最常用的三个数量指标来比较中美两国的政府规模：一是政府支出占 GDP 的比重，二是政府公务人员与总人口数之比，三是行政机构数量。政府支出占 GDP 比重是分析政府规模中经常使用的基本指标，一般情况下，政府支出占 GDP 比例越高，政府规模就越大。政府机构数量也是判断一个政府规模大小的常用标准，机构数量越多，政府规模越大。政府公务人员数量与政府规模也呈明显的正相关性，人数越多，政府规模从量上看就越大，反之则越小。这三项指标与政府规模都具有正相关性，其中公务人员数量与政府规模的正相关性最大。因此，许多学者往往认为政府公务人员数量是政府规模最直接的反映，并把政府公务人员数量与人口之比或就业人数之比作为衡量政府相对规模最主要的指标。在西方国家，政府公务人员一般指政府雇员或公务员，包括政府机关工作人员、公立学校教师、公立医院医生、公立研究机构人员及警察和军职人员等；在我国，公务人员指党政群机关以及需要财政补贴经费的事业单位和社会团体的工作人员，实际上是使用行政编制、军事编制和财政补贴事业编制的人员，不包括使用社团编制和企业编制的人员。[20]

具体地看，本文比较分析了 1978 年以来中美两国政府在同一时期各自的财政支出比率、公务人员占总人口的比率以及行政机构数量。具体的数据来源如下：

1. 政府支出与 GDP

中国政府支出数据来源于国家统计局的中国统计年鉴（1978—2013年），统计口径是"国家财政支出"；GDP 数据来源于国家统计局的中国统计年鉴（1978—2013 年），统计口径是"国内生产总值"。美国政府支出数据来源于 OECD 统计数据库 Government Finance，统计口径是"Total government expenditure"（United States）；GDP 数据来源于 OECD 数据库，统计口径是"General Statistics – Gross Domestic Product"（United States）。

2. 政府公务人员与总人口

中国政府公务人员数据来源于国家统计局的中国统计年鉴（1978—2012 年），2002 年以前（包括 2002 年）公务员数据的统计口径是"国家机关、政党机关和社会团体"，2003 年以后的统计口径为"公共管理和社会组织"；总人口数据来源于国家统计局的中国统计年鉴（1978—2012 年），统计口径是"年末总人口"。美国政府公务人员数据来源于 U. S. CENSUS BUREAU：Census of Governments – Compendium of Public Employment（1992 年、1997 年、2002 年、2007 年、2012 年），统计口径为"Total public employment"；总人口数据来源于 IMF 数据库，统计口径为"Population"（United States）。

3. 行政机构数量

中国行政机构数量的数据来源于中华人民共和国中央人民政府网站"中国概况—中国简况—新中国成立以来历次机构改革"和中国机构编制网"国务院机构改革"。美国行政机构数量的数据来源于美国政府网站 USA. gov – Government Manual，统计口径为"Executive Branch：Departments"（行政部门）。

三、数据比较与分析

（一）中美两国政府支出占 GDP 的比重比较

一般认为，政府支出占 GDP 的比重大于 40% 的为大政府，在 30% ~ 40% 的为中政府，小于 30% 的为小政府。目前，发展中国家的政府支出占 GDP 的比重在 25% 左右，政府规模较小。发达国家的政府支出占 GDP 的比重在 50% 左右，政府规模较大。[21]

由图 1 可知，自 1978 年以来，我国政府以财政支出占 GDP 的比重为标志的相对规模表现出明显的波动性特征，5 次波动的过程是明显可见的。这

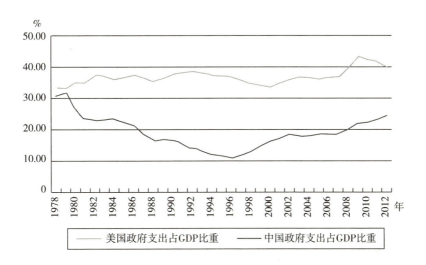

图1 中美两国政府支出占 GDP 的比重

种波动的起点与财政体制改革相一致，整个波动与经济增长的波动也一致，同时也与我国政府机构改革的历程相一致。1994 年以后，其变动随经济体制的稳定而相对平稳；1997 年后，政府支出比重开始明显上升，近年来有扩张的趋势。从具体比值来看，我国政府支出占 GDP 的比重从改革开放之初的 30% 波动下降至 10% 左右（1997 年前后），随后保持了较高程度的上升趋势，2008 年前后提高到 20%，至 2013 年已接近 25%。从整体来看，我国政府支出占 GDP 的比重为 10%～30%，而在 1986—2008 年，我国政府支出占 GDP 的比重长期保持在 20% 以下，这说明我国政府规模受政府财力的限制，财政支出比率相对较低，实际上属于一个"小政府"。自 1970 年以来，美国政府支出占 GDP 的比重长期保持在 30%～40%，从 1970 年开始，财政支出比率呈现波动上升的趋势，在 2009 年前后，比率超过了 40%，随后又出现了一定幅度的下降。总体来看，美国政府支出比率长期在 30%～40%，为"中政府"，这说明，两国政府的规模都与其经济和社会发展水平相适应，并随着经济社会的变化不断进行调整。

中美较长时间段的政府支出比率比较显示：第一，中国政府财政支出占 GDP 的百分比总体上变化非常大，在 1996 年之前总体呈下降趋势，1996 年之后持续上升，目前总体上呈逐渐上升趋势。第二，美国政府财政支出呈波动上升趋势。第三，从中美政府支出比率的趋势比较来看，中国政府规模增长将逐渐趋于稳定。

（二）中美两国政府公务人员占总人口的比重比较

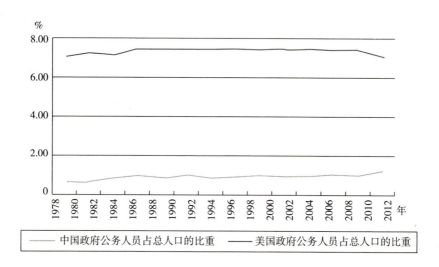

图 2 中美两国政府公务人员占总人口的比重

根据有关学者对世界其他国家（涵盖了欧美经济发达国家、经济转型国家、东亚新兴工业化国家以及部分微型国家）"公务人员占总人口比重"的比较分析，已有的研究结论显示"尽管疆域大小、市场成熟度、政体选择、经济发展水平、城市化水平各异，但是，除极少数人口较多的发展中国家（如印度 0.64%）和个别"缺乏良好治理"的国家（索马里 0.75%）以外，'公务人员占人口的比重'基本都在 1% 以上，那些已经全面完成了工业化和城市化的国家，事实上已经普遍超过 1%，在 2% 以上，甚至达到 3% 左右"。[22]

自 1978 年以来，中国政府公务人员的规模曾出现一个较高的增长时期（即 1978—1990 年）；自 1990 年以后，中国政府公务人员的数量基本保持稳定，每年有小额的增长，其间无较大的人员数目波动。总体来看，公务人员规模的总量是在不断增加，但是增长的速度相对较慢，增加的相对量也不大，公务人员占人口的比例始终控制在 1% 左右。这意味着，中国公务员的相对规模处在一个比较低的水平上。同时也表明，历次政府机构改革对人员编制规模限额的控制还是相当严格的，确实对抑制编制起到了积极的作用。

美国拥有数量极其庞大的政府雇员队伍。在美国，政府雇员的范围比较大，包括总统、州长、市长等民选人员，部长、副部长、助理部长、独立机构的长官等政治任命官员和行政部门的其他所有文职人员，但是不包括立法部门的议员和雇用人员、司法部门和法官。[23] 从美国政府公务人员占总人口的比重来看，1980 年以后，由于美国大规模政府改革的进行，政府公务人员数量的增长减缓，政府公务人员占总人口的比重相对稳定，长期保持在 7% 左右。这说明，美国的政府改革在精减人员的目标上也取得了较好的成效。需要注意的是，美国政府雇员的组成中，在州和地方政府雇员层次上，包括了公立医院和公立学校及其研究机构的雇员，这部分雇员的比例较大，如果剔除这些人员，美国公务人员的数量占总人口的比重在3.5% 左右。

因此，从总体上看，中美两国政府公务人员占总人口的比重比较显示：第一，两国公务人员占总人口的比例都在 1% 以上，中国公务员的相对规模处在较低水平（1% 左右），美国公务人员占总人口的比例达到 3% 以上，中美两国不同的人员比例与其工业化和城市化的进程是相一致的；第二，两国的政府改革都对政府公务人员的数量起到了较为积极的控制作用。

（三）中美两国政府行政机构数量比较

事实上，由于国家结构形式和行政组织体制不同，中美两国中央政府部委机构的设置存在较大的差异。由图 3 可知，从整体上看，改革开放以来，中国国务院组成部门的数量逐年递减。虽然社会管理事务的增加导致国务院组成部门的职能不断调整和增加，但是国务院在历次机构改革中按照"精简机构、高效协调"的原则，不断对国务院组成部门进行机构设置上的调整，尤其是对规模庞大的经济计划与管理类部门进行了撤并与精简，导致其数量呈现逐年递减的趋势。而美国政府部委机构的数量总体上是逐步增加的，但增长的幅度较小，总体属于比较稳定的状态。

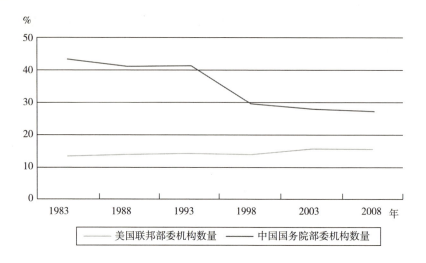

图 3　中美两国政府行政机构数量

　　根据前文克拉维斯和萨莫斯等人的研究，发展中国家中央政府机构设置数量在 30~40 区间是符合基本规律的。从整体状况来看，我国国务院部委机构数量长期保持在 30~40 区间内，近年来我国政府不断精简机构，国务院机构数量已经低于 30 个，并处于比较平稳的状态。从发达市场国家机构发展和机构改革的进程来看，中央政府各类机构也是随着经济和社会的发展而不断增加的，目前西方国家中央政府机构的数量一般在 20 个左右或以下。美国近年来中央政府机构保持在 15 个左右，也符合发达市场国家机构发展的总体规律。

四、结论

　　古今中外的政治发展史表明，政府规模是随着人类文明程度的提高和经济社会的发展而不断扩大的，因为"政府产生之后，由简单到复杂的发展过程，适应了国家发展的需要，也适应了人类社会生活逐步展开的需要，是一个不以人的主观意志为转移的客观历史过程"。[24] 各国政府改革正是在政府规模扩张的背景之下，不断调整政府规模，使之与经济社会发展历程相协调的一个持久调适过程。

　　通过中美政府规模比较，现阶段中国政府规模的数量从整体上看基本合适。首先，中国政府支出占 GDP 的比重在 20% 左右，说明我国财政支出比率相对较低，实际上属于一个"小政府"；其次，从公务人员占总人口比重来看，按照国际标准，中国政府规模处于较小的状态，并且将随中国经济社会的发展呈稳步上升的发展态势；最后，从我国行政机构数量来看，我国政府的机构数量稳步下降，逐步趋于合适的规模水平。不过，值得指出的是，如果采取类似美国的统计口径，则中国各级政府雇员的规模要增加 4～5 倍，从这个角度来说，中国政府雇员就有存在着超越本国经济社会发展阶段的可能性。

对于美国而言，20 世纪的政府改革使得其政府规模处于较稳定的状态，在整体上保持了适度的水平。首先，美国政府支出占 GDP 的比重在 30%～40%，为中等规模的政府；其次，从公务人员占总人口比重来看，该比重保持在 7% 左右，如果剔除掉公立医院和公立学校及其研究机构的雇员，美国公务人员的数量占总人口的比重在 3.5% 左右，与发达国家的总体水平相符；最后，从联邦政府机构规模看，联邦政府机构数量随着经济和社会的发展不断增加，总量控制在 15 个左右，符合发达市场国家机构发展的总体规律。

因此，从总体上看，中美两国政府规模都保持在相对适度的水平，并随着经济社会的发展不断进行改革与调整。其中，随着我国经济转型和社会改革的不断推进，对政府职能范围的界定将逐渐清晰，中央政府机构数量将渐趋稳定；随着政府财力的不断增强，政府改革重心将转移至公共管理和社会服务领域，因此财政支出比率将逐渐扩大，这也将带来公务人员规模的相对扩张，甚至是上升。与此同时，在处于不同社会发展阶段的美国，20 世纪以来的政府改革不断节约政府开支，这使得财政支出比率保持在一个较适度的水平。1980 年以来，联邦政府强有力的改革在精简机构和削减人员上都取得了较有成效的进步，政府公务人员增长的速度减缓，联邦政府内部的各类机构总数也得到了控制。不过，由于政府承担了大量有关医疗保险、公共教育、社会治安等公共事业的服务，因此即便在节约政府开支的改革背景下，财政支出比率仍出现波动上升的趋势，这将是美国乃至大多数国家面临的共同难题。

参考文献

［1］李军．略论政府规模与活动范围的经济界限［J］．财贸经济，1991（1）．

［2］胡家勇．我国政府规模的系统分析［J］．经济研究，1996（2）．

［3］王玉明．论政府合理规模及其尺度［J］．南京社会科学，1998（11）．

［4］毛寿龙．有限政府的经济分析［M］．上海：上海三联书店，2000．

［5］［17］［20］张雅林．适度政府规模与我国行政机构改革的选择［J］．经济社会体制比较，2001（3）．

［6］刘霖．一个衡量政府规模的新指标［J］．当代财经，2005（5）．

［7］高慧珠，吴克昌等．基于层次分析法的政府规模评估体系研究［J］．十堰职业技术学院学报，2008（3）．

［8］Solomon Fabricant. The trend of Government Activity in the United States since 1900. National Bureau of Economic Research，1952．

［9］金玉国，李杰等．政府规模对区域经济发展的影响效应：以 2004 年为例［J］．山东经济，2006（5）．

［10］［22］［23］李利平．中国公务员规模问题研究［M］．天津：南开大学，2010．

［11］B·盖伊·彼得斯．官僚政治（第五版）［M］．北京：中国人民大学出版社，2006．

［12］诺尔曼·麦吉尔．公共部门增长理论与国际经验比较［M］．北京：经济管理出版社，2004．

［13］朱光磊，张东波．中国政府官员规模问题研究［J］．政治学研究，2003（1）．

［14］马树才，胡立杰等．地方财政、事业编制配置与总量调控研究

[J]. 统计研究，2005（9）.

[15] 卢淳杰.20 世纪美国的政府改革历程与启示 [J]. 学术研究，2004（5）.

[16] 陈干全. 解析适度政府规模：三个问题 [J]. 中共福建省委党校学报，2002（7）.

[18] Kravis etc. World Product and Income International Comparisons of Real Gross Product. Johns Hopkins University Press，1982.

[19] 马波. 关于政府的适度规模研究——兼述我国政府机构改革 [D]. 兰州大学，2006.

[21] 孙亚忠. 适度政府规模的数量和质量分析 [J]. 行政学研究，2005（7）.

[24] 谢庆奎. 当代中国政府 [M]. 沈阳：辽宁人民出版社，1991.

国家级新区建设的政策文本分析[*]

◎李云新　贾东霖

中南财经政法大学公共管理学院，湖北武汉，430073

摘　要：改革是时代的主题。国家级新区，正是各项制度改革与创新的试验田。对已有国家级新区建设的方案文本进行解读、比较、分析和归纳，有利于全面理解国家级新区这一战略，思考国家级新区的存在意义和实质，审视其历程，预见其发展。研究发现，国家级新区有地域均衡性的发展趋势；其概念核心是国家战略中心城市、开放型区域经济引擎、改革发展创新试点、高端产业基地、生态示范园区；增设金融机构和完善投资融资体系是其金融政策标配，其财税政策有逐步消失的趋势，创新土地管理制度是其重要任务。

关键词：国家级新区　新区　国家战略

国家级新区（以下部分表述简称为新区）是由国务院批准设立，承担国家重大发展和改革开放战略任务的综合功能区。[1] 国务院对新区进行统一规划和直接审批，主导其总体发展目标、定位，批复其相关特殊优惠政策

---

　　* 本文系教育部人文社科研究青年基金项目"我国城镇化进程中利益主体行为扭曲机理与治理机制研究"（编号：14YJC630076）、国家社会科学基金青年项目"政府空间治理中的政府责任及其实现机制研究"（编号：14CZZ023）成果。

和权限。国家在新区内实行更加开放和优惠的特殊政策，鼓励新区进行各项制度改革创新的探索工作。国家将大量政策资源、项目和资本的集中投入到新区建设中，赋予新区以体制、模式、职能、产业等方面的试验与创新使命，致力于将新区打造形成超常规超高速的发展态势。[2]

国家级新区在中国改革开放背景下已运行二十几载。自 1992 年国务院批复设立上海浦东新区以来，我国已先后设立天津滨海新区、重庆两江新区、浙江舟山群岛新区、甘肃兰州新区、广州南沙新区、陕西西咸新区、贵州贵安新区、青岛西海岸新区、大连金普新区、四川天府新区、湖南湘江新区、南京江北新区、福州新区和云南滇中新区共 15 个新区。

20 多年的改革长河中，国家级新区承担的历史使命和实际功能，随着改革的进程而不断演化。[3] 在新常态的发展背景下，新区在国家战略里到底意味着什么、新区的生命周期有多长、会不会有新的新区出现、如果有会在哪里出现、新区的基本政策会不会有所改变，很多问题都亟待回答。现有文献多是对新区的区域战略、管理体制、功能定位、发展政策、产业发展中某一方面进行思考，多是选取单一新区研究或数个新区间比较研究，缺乏整体宏观视角的分析解读。政策文本是政策通向实践的沟通桥梁，对新区政策文本进行全面梳理，通过对政策文本进行解读、归纳和分析，比较分析各国家新区在时间地域、定位目标、政策优惠方面的共性和差异性，能在一定程度上给予解释和回答。

一、国家级新区设立的时间与地域分布

根据表 1，对国家级新区的设立时间与地域分布进行梳理，大致有以下两点。

（一）层次性的时间分布

自 1992 年浦东新区第一个获批设立，到 2006 年滨海新区、2010 年两江新区成立，再到 2011—2015 年 12 个国家级新区接连出现，可以看出以 2006 年和 2011 年为转折点，新区批复节奏明显呈现出三个阶段。

表 1　　　　　　　　　　　　　新区时间与地域分布

年份	华东	华北	华中	华南	西南	西北	东北
1992	浦东新区（上海）						
2006		滨海新区（天津）					
2010					两江新区（重庆）		
2011	舟山群岛新区（舟山）					兰州新区（兰州）	
2012			南沙新区（广州）				
2014		西海岸新区（青岛）			贵安新区（贵阳、安顺）、天府新区（成都）	西咸新区（西安、咸阳）	金普新区（大连）
2015	江北新区（南京）、福州新区（福州）		湘江新区（长沙）		滇中新区（昆明）		

注：括号内为新区所处的主体城市。

（二）国家级新区的战略定位

最初，浦东新区作为唯一国家级新区，承担着这一时期国家改革开放主题，是国家意志的体现和试验田。其历史地位可与改革开放之初设立深圳等"经济特区"的战略并列。新区发展方式延续了划定特殊区域、试验特殊政策、创新特殊模式以优先发展的策略，这体现了国家非均衡发展的指导思想，赋予新区"先行先试"的政策优惠，形成政策高地。借此试验点很容易形成单点突破的发展态势，促成新区成为经济高地。

浦东新区获批长达 14 年后，滨海新区才迈入国家级新区行列，这与中国改革开放"摸着石头过河"的思路是不无关联的。天津、重庆作为经济基础较好的地区，行政体制上又同属中央直管的直辖市，便于进行经验复制和推广。在内部改革发展力量推动以及外部加入世界贸易组织的大环境下，滨海新区和两江新区成为第二批获批的国家新区，新区经验实现价值外溢。

2011 年后，国家级新区呈现不断扩容的态势。在这一阶段，新区所处的主体城市由直辖市延伸到省会城市、地级市。截至 2015 年 9 月 18 号，2015 年已接连批复湘江新区、江北新区、福州新区、滇中新区四个新区。这一前所未有的速度也预示着，新区承担的战略功能，已经从浦东新区伊始的国家级开放战略，演化为引领区域发展的政策性战略，新区政策也由稀有性、特殊性转化为普惠性。

二、非均衡性的地域分布

任意选取一个时间点观察，新区的地域分布都不是均衡的。目前，已经获批的 15 个国家级新区，在我国华东、华北、华中、华南、西南、西北、东北七大区域均有布局，其中华东、西南地区各有 4 个新区，华北、西北两区域各有 2 个新区，华中、华南、东北这三个地域各自仅有 1 个新区。华东有浦东新区、舟山群岛新区、江北新区及福州新区。浦东因其特殊的地域其历史原因成为首个国家级新区，定位为国际金融、航运中心。舟山群岛新区写入"十二五"规划，规划瞄准新加坡、中国香港等一流港口城市，成为第一个以海洋经济为主题的国家级新区。江北新区和福州新区则是分别乘着长江经济带和"一带一路"国家战略的东风，踏入新区行列。而西南地区则有两江新区、贵安新区、天府新区、滇中新区 4 个新区。两江新区是第一个内陆新区，服务西南，统筹国家综合配套改革。贵安新区和天府新区同属西部大开发战略举措，前者承担着探索欠发达地区追赶发达地区思路的任务，后者积极探索新型城镇化，创新地区发展之路。滇中新区着力于执行"一带一路"、长江经济带和区域发展的总体战略。华东、西南地区的新区分布折射出国家战略和政策的非均衡性，给予较发达区域和较不发达区域以特别的照顾。

新区建设以服务国家战略规划为指导方针。2015 年政府工作报告，将区域发展定位为包含西部大开发、东北振兴、中部崛起和东部率先发展的"四大板块"，以及"一带一路"、长江经济带、京津冀协同"三大支撑带"。从长远来看，政策会趋于均衡，但就目前的新区分布上看，西部大开发和东部率先发展是"四大板块"中较受重视的方面，"一带一路"和长江经济带是"三大支撑带"里的侧重点。

走过20多年的国家级新区政策，已从"先行先试"的改革探索逐步走向成熟。近几年来，新区密集型获批的态势呈现的政策普惠性，新区与国家均衡性区域发展战略逐渐匹配，未来，国家级新区覆盖的地域必将呈现适应国家战略的趋向性，并有向各省份普遍诞生国家级新区的历史趋势，非均衡的政策和布局最终会向均衡发展的方向转变。

战略定位是新区发展的总体思路，体现了新区建设的中心和目标。笔者从新区总体方案文本中提取新区综合战略定位，并将其划分为核心功能、区域定位、模式创新、产业与科技、生态与人文五个方面。核心功能是新区天然独特、难以模仿并在战略定位中最高优先级、最顶层的内容。区域定位是新区在相关地域对外开放、经济发展上的作用。模式创新是新区的发展模式和体制创新，包括改革、试点、示范的主要内容和创新点。产业与科技是新区产业发展思路及科研方面的措施。生态与人文包括生态环境建设、精神文明建设，与其关联密切的旅游业也放入此项。值得注意的是，这五方面内容相对独立但也存在交叉，未计入某一方面的内容代表该方面未被重视，并不一定代表该方面缺失。

（一）核心功能的多样性和缺失问题

新区根据自身区位优势和资源环境条件来界定自身核心功能。核心功能代表了新区的独特性及其在国家战略中的地位。核心功能应多样性，如果新区失去创新点，就极有可能面临同质化竞争问题。由表2可见，在早期的新区中，浦东新区定位为四个国际中心，滨海新区目标是国际航运、物流中心，浦东、滨海新区在国家战略中的地位可见一斑。而后两江新区就仅是长江上游的商贸、金融、科技创新中心。舟山群岛则定义为中国大宗商品贸易物流中心。南沙新区、西咸新区、西海岸新区因自身条件和资源优势，分别充当世界先进水平的服务枢纽、西北能源金融中心和物流中心、深远海洋开发保障基地。从时间上观察，新区从早期的国际中心定位转变为国家、地区中心或专项基地。自兰州新区始，贵安新区、金普新区、天府新区、湘江新区等新区都在核心功能上存在缺失。核心功能缺失也可以理解为因时间推进，新区最重要的功能转变为区域功能。核心功能的缺失也一定程度上意味着新区具有可替代性，由此带来其在国家战略里地位降低。

表2　　　　　　　　　　新区战略定位

新区名称	核心功能	区域定位	模式创新	产业与科技	生态与人文
浦东新区（1992年）	国际经济、金融贸易、航运中心	国家对外开放主要"窗口"、长江流域经济龙头	科学发展、综合改革试验区	现代服务业集聚区	开放和谐的生态区
滨海新区（2006年）	国际航运、物流中心	北方开放门户	服务带动区域经济的综合配套改革试验区	现代制造业和研发转化基地、区域现代服务业中心	宜居生态城区、国际休闲旅游区
两江新区（2010年）	长江上游商贸物流、金融和科技创新中心	内陆开放门户	科学发展、统筹城乡综合配套改革示范区	先进制造业和现代服务业基地	人与生态和谐发展
舟山群岛新区（2011年）	中国大宗商品贸易物流中心	东部开放门户、长三角经济增长极	海洋经济、海洋综合开发试验区、陆海统筹发展先行区	现代海洋产业基地	海洋海岛科学保护开发示范区
兰州新区（2012年）		西北经济增长极、西部大开发战略平台	承接产业转移示范区	国家产业基地	加强生态环境保护和建设
南沙新区（2012年）	世界先进水平的综合服务枢纽	促进区域协调发展、构建开放经济格局	粤港澳全面合作示范区、社会管理服务创新试验区、新型城市化典型	生产性服务业主导的现代产业新高地	打造粤港澳优质生活圈

续表

新区名称	核心功能	区域定位	模式创新	产业与科技	生态与人文
西咸新区（2014年）	西北能源金融中心和物流中心	丝绸之路经济带支点	创新城市发展方式试验区	科技创新示范区	历史文化传承保护示范区
贵州贵安（2014年）		内陆开放型经济高地	创新发展试验区	高端服务业聚集区	国际休闲度假旅游区、生态文明建设引领区
西海岸新区（2014年）	深远海开发保障基地	海洋经济升级版	军民融合创新示范区、海洋经济国际合作先导区、陆海统筹发展试验区	海洋科技自主创新领航区	建设美丽海洋新城
金普新区（2014年）		东北亚开放合作的战略高地、引领东北振兴的重要增长极	老工业基地转变发展方式的先导区、体制机制创新与自主创新的示范区、新型城镇化和城乡统筹的先行区	传统产业升级、大力发展战略性新兴产业	加强生态文明建设
天府新区（2014年）		内陆开放经济高地	统筹城乡一体化发展示范区	现代高端产业集聚区	宜业、商宜、宜居城市
湘江新区（2015年）		长江经济带内陆开放高地	产城融合、城乡一体的新型城镇化示范区，全国"两型"社会建设引领区	高端制造研发转化基地和创新产业集聚区	推进生态文明建设

新区名称	核心功能	区域定位	模式创新	产业与科技	生态与人文
江北新区 （2015 年）		长江经济带对外开放合作重要平台	新型城镇化示范区	自主创新先导区、现代产业集聚区	加强生态空间保护
福州新区 （2015 年）		两岸交流合作重要承载区、扩大对外开放重要门户	改革创新示范区	现代产业基地	生态文明先行区
滇中新区 （2015 年）		面向南亚东南亚辐射中心的重要支点、云南省经济增长极	新型城镇化建设综合试验区、改革创新先行区	创新产业发展模式、现代产业基地	生态文明建设有序推进

资料来源：已出台的各新区总体方案。

（二）开放型区域经济中心

核心功能的缺失促使我们将新区战略定位的关注点转移至区域定位。事实上，新区的核心功能和区域定位紧密相连，很难分开处理。有些新区的模式创新一栏也体现了区域定位，如滨海新区里服务带动区域经济的综合配套改革试验区，西海岸新区里的海洋经济国际合作先导区。综合核心功能、区域定位、模式创新三栏，基本可以将所有新区界定为开放型的区域经济中心，这是新区共有的特点。由此可以理解促进对外开放和带动区域经济增长是所有新区成立的一个重要目的，尤其是核心功能缺失的新区建立的首要目标。

（三）模式创新的多样性和探索性

所有新区都不同程度地将自己定位为改革试验区、示范区等。有的新区目标较单一，像浦东新区定位为科学发展、综合改革试验区，兰州新区定位为承接产业转移示范区。也有较复杂的新区，像金普新区，同时是老工业基地转变发展模式的先导区、体制机制创新与自主创新示范区、新型城镇化和城乡统筹的先行区。早期的浦东新区、滨海新区、两江新区模式里"改革"一词在后续新区里未体现，而纵观模式创新一栏，"发展""创新""试验""示范""城市化"成为模式描述里的关键词。这也是新区模式创新多样性中存在的相似性。由此也可以理解新区的另一个重要目的，即在发展模式和体制创新上寻求突破，为改革试点和铺路。

（四）产业定位的相似及差异性

所有的国家新区都在产业定位上有所描述，"现代""服务""制造""创新""高端""基地""集聚"是描述里的高频词。高端产业聚集区可以归纳为新区的又一特点，而现代服务业和制造业是多数新区的发展方向。部分新区也有自己独特的产业方向，如舟山群岛新区的现代海洋产业基地。早期描述中的现代产业在后来新区中更多体现为高端产业，自贵安新区后，"创新"一词被频繁提及，这意味着新区产业发展已开始出现重复建设和地域竞争。值得注意的是，滨海新区和湘江新区提及了"研发"一词。

（五）生态与人文目标的差异性

所有新区都关注生态文明建设，区别在于浦东新区、滨海新区、舟山群岛等新区提出建设和谐生态区、宜居城市等明确目标，而两江新区、兰州新区、金普新区、湘江新区、江北新区则只提出加强生态建设的模糊口号。提出具体目标的新区也各有特色，如舟山群岛新区提出了海洋保护，西咸新区则强调历史文化传承保护等。

通过对国家新区战略定位解读，基本可以捕捉国家新区这一概念的核心，即国家战略中心城市、开放型区域经济引擎、改革发展创新试点、高端产业基地、生态示范园区。

三、国家级新区政策优惠的共性与差异

改革是最大的红利，新区一大特点就是拥有各种政策先试先行的权利，对于有一定基础的新区来说，适度放权是最大的政策优惠。但新区建设依然需要落到实处的金融、财税、土地产业等方面政策优惠。浦东新区、滨海新区作为最早的两个新区，无论是建立时间还是政策优惠都是后来者不

可媲美的。而两江新区作为第三个新区，虽与后来者时间接近，但其政策优惠比照浦东、滨海，又同时叠加了重庆及西部优惠政策，实质是内陆政策最优惠地区。将这前三者剔除，对剩余 12 个新区进行金融财税土地三方面政策的对比分析。这里选取金融财税土地，是因为新区政策涵盖很多方面，很多新区会拥有独特的政策，像南沙新区对外开放政策、舟山群岛新区的海洋管理政策、兰州新区的产业承接政策，选取金融、财税、土地新区所共有必备的三个政策面对比，能更清晰直观地比较其政策地位差异。

（一）金融政策

表 3 是金融政策表，将金融政策归纳为增设金融机构、金融创新试点、完善投资融资体系、金融对外开放、农信社改制与村镇银行设立五类，文本表述是从各新区方案里提取以概述罗列的对应内容。可以看出，所有新区均有增设金融机构的文本表述，金融机构支持是新区的标配。

而到了第二项，西咸新区、金普新区、湘江新区、滇中新区文本中没有金融创新的字眼，这四个新区时间上有先后，地域上涵盖东西部，包括内陆和沿海，既有经济总量较高的金普新区，也有经济总量较低的西咸新区。其中，滇中新区文本里提到了落实延边金融改革。在金融创新试点中，兰州新区、贵安新区是 15 个新区中地区生产总值垫底的，由此可以推论，金融创新试点会放在经济条件较成熟的新区和最需要发展的新区。

完善投资融资体系是金融政策里表述最繁乱的部分，各新区有不同的政策或说法。完善投资融资体系还往往与金融对外开放紧密连接，这一部分也被视为所有新区的标配。

在金融对外开放方面，兰州新区、西咸新区、金普新区没有文本表述，原因很可能是区位与产业两方面。兰州新区、西咸新区处于西部内陆，较为偏僻，金普新区虽处于东北亚沿海，但在外资引进方面面临着其他沿海地区的竞争。产业布局上，三个新区以工业制造业为立足点，同时注重新兴产业发展。

最后一项是发展农村金融。舟山群岛新区、贵安新区单独提出农村信用社改制为农村商业银行、设立村镇银行有其特定意义。2011 年民营经济占舟山市 GDP 的比重为 65%，推动渔（农）民转产转业，是城镇化发展的重中之重。贵安新区属欠发达地区，所辖 20 个乡镇。农村商业银行、村镇银行主要为当地农民、农业和农村经济发展提供金融服务。

综上所述，增设金融机构和完善投资融资体系是新区的标配，而根据新区情况性质的不同，还会有金融创新试点、金融开放、发展农村金融等适配政策或要求。

表3 金融政策

文本表述	归纳	适用新区
引导金融机构支持新区建设，在新区开设分支机构；鼓励新设金融机构；支持设立民营银行；支持民间资本设立中小金融机构	增设金融机构	舟山群岛新区、兰州新区、南沙新区、西咸新区、贵安新区、西海岸新区、金普新区、天府新区、湘江新区、江北新区、福州新区、滇中新区
鼓励金融机构创新；开展金融改革创新试点；探索金融创新发展协调机制	金融创新试点	兰州新区、南沙新区、贵安新区、西海岸新区、天府新区、江北新区、福州新区
支持相关产业非银行金融业务；创新投资体制，鼓励市场化方式建立健全各类投融资主体；鼓励发展各类投资基金，拓宽托融资渠道；支持企业发行债券，探索股权交易平台建设；支持金融租赁、信托业务；探索政府出资设立担保机构，开展联保贷款；推进互联网金融等金融业态发展；开展保险业创新发展试验；商业保险业务试点	完善投资融资体系	舟山群岛新区、兰州新区、南沙新区、西咸新区、贵安新区、西海岸新区、金普新区、天府新区、湘江新区、江北新区、福州新区、滇中新区
放宽外资金融机构准入；支持境外机构入住；允许支持设立合资银行、证券、基金、期货公司	金融对外开放	舟山群岛新区、南沙新区、贵安新区、西海岸新区、天府新区、湘江新区、江北新区、福州新区、滇中新区
推进农村信用社改制为农村商业银行，支持依法设立村镇银行	发展农村金融	舟山群岛新区、贵安新区

（二）财税政策

先统计没有财税政策表述的新区，有兰州新区（2012 年）、金普新区

（2014 年）、湘江新区（2015 年）、福州新区（2015 年）、滇中新区（2015 年）。再观察表 4，综观新区进程，财税政策由起步的全方位支持沦落到一片空白。

按时间序列梳理，早期的舟山群岛新区（2011 年），财税政策几乎是全方面的支持，这得益于新区海洋定位，"十二五"规划明确提出推进海洋经济发展。兰州新区（2012 年）是第一个未有财税倾斜的新区，这种设定，跟其本身就是工业重镇，主要承担产业转移的使命是有关联的。到了南沙新区（2012 年）和西咸新区（2014 年），政策优惠与功能和产业相关——一个是西部大开发新引擎，另一个是国家"十二五"规划中提及的三个粤港澳合作平台之一。

贵安新区（2014 年）是个特殊案例，作为西部大开发战略的支点，将 2013—2020 年新区新增地方收入全额用于新区发展专项基金这种独特方式，是一种类似买断性质的政策尝试，政策目标是促进地方主动性，即努力越多收益越多。西海岸新区（2014 年）符合海洋经济的国家战略，是新区财税政策的一个转折点，由此开启了允许财税改革并执行国家统一财税政策的时期，这与其自身经济实力强劲不无关系。金普新区（2014 年）契合振兴东北老工业基地战略，但其自身实力强劲，与西海岸新区情况类似，因此不享受政策优惠。

天府新区（2014 年）目前来说是国家政策扶持的最后的新区，只考虑促进西部发展和本身基础良好，政策给予上应是金普新区的逻辑。给予政策扶持，是考虑成渝城市群两中心平衡，发展长江经济带、丝绸之路经济带的结果。

湘江新区（2015年）、江北新区（2015年）、福州新区（2015年）、滇中新区（2015年）都无国家财税政策支持。江北新区的财税政策表达更像是名义性质。也就是说，根据新区的一些权限和能力，其他新区也完全有可能有同样的事实政策。值得注意的是，这四个新区也承载着如长江经济带、"一带一路"、两岸交流合作重要承载区的国家战略。2014年，湘江新区地区生产总值为970亿元，江北新区为3800亿元，福州新区为1041.4亿元，滇中新区为506.5亿元，而四个新区政策基本无差异。

综上所述，得出两点结论。第一，新区的财税优惠随时间递减，可以断言，以后的国家新区再无财税政策优惠。第二，新区有其独特的区域意义，但新区的设立始终是与国家战略相关的，符合国家战略的新区尝试才能成为国家战略。

表 4   财税政策

文本表述	归纳	适用新区
国家支持公共服务、公益事业、海洋产业、港行物流、远洋渔业；有关部门研究制定符合功能定位和产业发展的财税优惠；国家支持基本公共服务、相关项目和社会事业及生态环保	国家支持公共服务和相关产业	舟山群岛新区（2011 年）、南沙新区（2012 年）、西咸新区（2014 年）
2013—2020 年，新区内新增地方财政收入全额用于设立贵安新区发展专项资金	地方财政基金	贵安新区（2014 年）
加快财税体制改革，执行国家统一财税政策	国家统一财税政策	西海岸新区（2014 年）
国家支持基础设施、城乡社会事业和生态环保建设	国家支持公共服务	天府新区（2014 年）
社会事业和重大基础设施和产业，省市予以优先扶持；高新技术企业，按规定享受有关税收优惠；探索政府与社会资本合作	地方支持	江北新区（2015 年）

（三）土地政策

国家在赋予新区权限的同时不断强调保护耕地，节约集约用地。土地政策可以划分为创新土地管理制度、设置用地权限、土地市场规范化三个方面。

在创新土地管理制度这一维度，实施土地利用总体规划、评估修改动态管理是一个重点，土地整理开发利用试点是一个方向，土地集约利用和生态发展是主要原则，差别化供地政策是最新的思路。西咸新区没有土地政策，文本中只提到土地政策试点优先考虑。可能是因为西咸新区的自身特点，历史文化保护必须放在重要地位，要正确处理保护和发展的关系。金普新区只有土地管理制度这一方面内容。

用地权限大致分为三级，第一级是用地国家倾斜，有舟山群岛新区、南沙新区、贵安新区和天府新区，具体内容是国家在编制年度土地计划时给予倾斜，所有新区实行耕地省内范围占补平衡，只有舟山群岛新区，重大产业项目可以实行耕地国家范围占补平衡。这标志舟山群岛新区在国家战略定位中地位卓越，这也是早期新区的优势。第二级是用地省内倾斜，包括贵安新区、湘江新区、江北新区和滇中新区。贵安新区同时用地同时得到国家倾斜和省内倾斜，是12个新区里用地权限第二的新区。湘江、江北、滇中都是2015年新批复的新区。第三级是用地与主体城市协调，有兰州新区、南沙新区、西海岸新区和福州新区。建设用地纳入对应城市土地利用总体规划这种规定捆绑了新区和其主体城市，体现新区对城市的依附性、服务性。兰州新区的一个重要意义就是老城区企业"出城入园"，实现产业转移。南沙新区、福州新区都是作为粤港澳服务型窗口构建的。推动青岛成为蓝色经济领军城市是西海岸新区发展目标。综上所述，第一级用地权限体现了新区的国家战略地位，第三级则体现了新区的区域地位，第二级更多的是新区建设达成省内共识。

土地政策的第三部分是土地市场规范化，土地市场规范化的内容多样性体现了新区在实现土地市场化过程中根据地方实践作出的不懈努力。我们发现除了天府新区外其他均为沿海经济发达地区，经济发达、思想开放是政策试点可能的原因之一。而且天府新区在这方面的要求仅仅是探索有效的土地流转方式和补偿机制，步伐慢于其他四个新区。

综上所述，创新土地管理制度是新区的重要任务，根据新区性质不同，会有不同的用地权限和土地市场化政策。

表5　　　　　　　　　　　　　　　土地政策

文本表述	归纳	适用新区
土地利用总体规划评估修改试点；土地开发整理利用试点；建设用地审批改革试点；深入推进国土资源管理制度配套改革；实行差别化供地政策；土地管理综合改革试点；探索土地集约利用和生态型城镇化发展模式	创新土地管理制度	舟山群岛新区、兰州新区、南沙新区、贵安新区、西海岸新区、金普新区、天府新区、湘江新区、江北新区、福州新区、滇中新区

续表

文本表述	归纳	适用新区
建设用地国家编制年度土地计划时适当倾斜，耕地省内占补平衡或开展国家占补平衡试点	设置用地权限	舟山群岛新区、南沙新区、贵安新区、天府新区
省建设用地指标优先保障新区合理用地需求，对新区建设用地计划实行单列，耕地省内占补平衡		贵安新区、湘江新区、江北新区、滇中新区
建设用地纳入对应城市土地利用总体规划，耕地省内占补平衡		兰州新区、南沙新区、西海岸新区、福州新区
引入市场机制，鼓励民间投资参与土地整理复垦开发；建设统一规范的城乡建设用地市场，实现公开交易；探索有效的土地流转方式和补偿机制；加快建立和实施不动产统一登记制度，探索各类自然生态空间统一确权登记办法	土地市场规范化	舟山群岛新区、西海岸新区、天府新区、江北新区、福州新区

四、总结性评论

纵观国家级新区的发展史，从最初浦东新区独享十几年的优惠政策到最近两年的"批发式"审批，新区的地位似乎一直在走低。但从新区爆发性增长可以判断，新区这一政策依然蕴含着巨大的政策优惠。实际上，在国家区域平衡发展战略背景下，新区数量会不断增长。在积极申报国家级新区的各地中，中部崛起、东北老工业振兴、京津冀协同三大战略在目前区域平衡战略中较不显著，因而武汉新区、郑州郑东新区、石家庄正定新区、沈阳沈北新区将更具潜力。而在更遥远的未来，更可能会有每个省份都拥有一个国家级新区的情形出现。

新区"帽子"会释放出非凡的改革活力和美好前景，然而，新区申报时的定位或多或少有误区。以最大恶意地揣摩新区，不排除存在以获得中央、地方支持为初衷，开发过程沦为土地财政的新区。笔者认为，新区的定位仅仅落于区域经济中心、同质化高端产业基地、生态城市，不足以称得上国家级新区，新区必须有自己独特专属的核心定位、模式创新点和产业模式，这样才能保证较少的同质化竞争和更大意义上的试点创新。2015年7月7日，国家发展改革委印发《关于推动国家级新区深化重点领域体制机制创新的通知》，对各新区创新提出具体要求，进一步明确了新区的探索方向。新区必须将国家政策充分契合地方实践，探索出属于自己的"星光大道"。

金融政策支持新区建设，给新区提供资金保障。根据"关于推进开发性金融支持国家级新区健康发展有关工作的通知"，投融资体制改革是新区金融工作的关键，这与本文中提炼的金融政策共同点相符。如果更细致归纳财税政策，会发现财税政策是由早期各种直接补贴的而后转化为税收政策。财税政策的减少，以及由国家支持到地方介入的转变，意味着新区由国家主导地方跟进到国家设定地方推动的变化。创新土地管理制度和试点土地市场化机制是新区土地政策的大方向，具体政策依据新区的实际情况呈现多样化局面。

参考文献

［1］发展改革委、国土资源部、环境保护部、住房城乡建设部关于促进国家级新区健康发展的指导意见，中华人民共和国国务院公报，2015，20：67 - 70.

［2］李晓江．"钻石结构"——试论国家空间战略演进［J］．城市规划学刊，2012（2）．

［3］国家级新区演进图：从特殊到均衡，http：//finance.ifeng.com/a/20141201/13317729 _ 0. shtml. 2014 - 12 - 01.

长江经济带建设中政府与市场边界划分探析

◎宋秀华

中南财经政法大学公共管理学院，湖北武汉，430073

摘　要： 长江经济带建设的背景下政府的职能边界划分是深化行政体制改革、建设服务型政府的契机。我国政府与市场关系的逻辑起点与西方国家不同，政府的强势地位使得在处理政府与市场关系时应该对政府职能边界作出界定。通过回顾传统政府职能的理论变迁、政府职能边界划分的意义，以及当前政府职能边界相关的理论，然后总结对政府职能边界可能产生影响的因素，对长江经济带建设中政府职能边界作出理论界定。文章认为长江经济带的建设中如何划分政府职能，可为各地行政体制改革提供一些思路。

关键词： 政府职能边界划分　市场边界　长江经济带

依托黄金水道推动长江经济带发展，打造中国经济新支撑带，是党中央、国务院审时度势，谋划中国经济新棋局作出的既利当前又惠及长远的重大战略决策。其主要任务是提升长江黄金水道功能，建设综合立体交通走廊，创新驱动促进产业转型升级，全面推进新型城镇化，培育全方位对外开放新优势，建设绿色生态廊道，创新区域协调发展体制机制。习近平总书记在关于推进长江经济带发展的批示中也指出，长江经济带建设要坚持"一盘棋"思想，理顺体制机制，加强统筹协调，处理好政府与市场、地区与地区、产业转移与生态保护的关系，不搞政策洼地、不搞拉郎配，防止低水平建设，更好地发挥黄金水道作用，为全国统筹发展提供支持。长江经济带的建设考验当前的政府与市场关系，政府能否与市场分清界限、各司其职、相互配合，直接决定着长江经济带建设的质量。因此，长江经济带建设需要对政府与市场的边界进行深入划分，并研究政府与市场的作用机制。

一、长江经济带发展沿革

长江经济带覆盖上海、江苏、浙江、安徽、江西、湖北、湖南、重庆、四川、云南、贵州 11 个省市，面积约 205 万平方公里，人口和生产总值均超过全国的 40%，具有独特优势和巨大发展潜力。长江是我国第一、世界第三大河流，是货运量位居全球内河第一的黄金水道。为提升长江黄金水道的功能，建设综合立体交通走廊，促进产业转型升级，培育全方位对外开放新优势，国务院于 2014 年 9 月 25 日公布了《国务院关于依托黄金水道推动长江经济带发展的指导意见》（以下简称《意见》）和《长江经济带综合立体交通走廊规划（2014—2020 年）》，将长江经济带建设提升到了新的战略层面。这是我国第一次将长江流域的整体经济开发提升到国家战略层面，这对长江流域各地政府是难得的机遇，也是巨大的挑战。

从长江经济带开发的战略构想提出，到上升为国家战略，其历程走了近三十年。20 世纪 80 年代初，原国务院发展研究中心主任马洪提出我国"一线一轴"战略构想，一线就是指沿海一线，一轴即长江。20 世纪 90 年代，随着浦东开发和三峡工程建设等重大决策的相继实施，特别是 1992 年 6 月中央召开了"长三角及长江沿江地区经济规划会议"提出了发展"长三角及长江沿江地区经济"的战略构想，由于国家率先启动了沿海开放战略，形成了经济实力雄厚的沿海经济带，长江流域的整体开发并没有被很好地启动，长江流域经济基本上淡出了人们的视野。

2005 年，长江沿线七省二市在交通运输部牵头下签订了《长江经济带合作协议》，但"流于形式，效果太差"。2009 年以来，七省二市不断地共同请求中央，"将长江经济带的发展上升为国家战略"，此请求也引起学界众多专家的呼应。2013 年 7 月 21 日，习近平总书记考察湖北时指出，"长江流域要加强合作，发挥内河航运作用，把全流域打造成黄金水道"。2013 年 9 月 23 日，国家发展改革委会同交通运输部在京启动《依托长江建设中国经济新支撑带指导意见》研究起草工作，国家发展改革委主任徐绍史表示，此举意在支撑转型升级的长江经济带。

2013 年 12 月，在北京召开的长江经济带建设课题汇报会上，国家发展改革委正式确定，长江经济带范围将涵盖上海、江苏、浙江、安徽、江西、湖北、湖南、重庆、四川、云南和贵州九省二市，这意味着，作为国家主体功能区规划"两横三纵"主体的长江经济带正式扩容。经历过 30 多年的坎坷发展，长江经济带终于成为国家一线发展战略，对于长江经济带的九省二市既是机遇，又是挑战。政府在长江经济带的建设中居于主导地位，应该对政府在长江经济带的建设中的职能边界作出科学界定，与市场共同推进长江经济带的发展。

二、西方国家政府与市场关系对我国长江经济带建设的启示和借鉴意义

（一）西方国家政府与市场关系的演变进程

深入了解西方国家政府与市场关系的演变进程，对于合理划分我国长江经济带建设中政府和市场职能的边界具有重要的借鉴意义。

完全自由的经济时期。1776 年，亚当·斯密出版《国富论》一书，认为在商品经济中，人们都是最大化的追求自己的利益，由市场机制支配经济，以市场这只"看不见的手"来实现社会资源的优化配置，政府只需要充当"守夜人"的角色，尽到保护社会、保护个人、建立公共设施等义务就可以了。以亚当·斯密为代表的经济学家可以说开创了政府与市场关系研究的先河，试图厘清政府与市场的边界，"自由经济"是他经济学研究中

的中心，由此形成了自由主义的经济学说。随后，不少经济学家，如萨伊、穆勒、李嘉图等都继承和发展了亚当·斯密的学说。

凯恩斯的政府干预理论时期。20 世纪 30 年代出现的经济危机，打破了自由主义经济市场主导资源配置的美梦，暴露了长期以来自由主义经济市场的各种缺陷，为政府干预经济的行为埋下伏笔。凯恩斯反对放任自由的市场经济，提倡政府直接干预经济的理论。有效需求是凯恩斯理论的核心，该理论提出完全由市场自由的调节经济行为，会导致有效需求和就业不足，这时需要政府作为主导力量来干预市场经济。之后，西方经济学家萨缪尔森、斯拉法等虽然同为凯恩斯主义的追随者，其中最著名的要数美国第一位诺贝尔经济学奖获得者萨缪尔森，他将凯恩斯理论通俗化，并且进行了补充发展，认为"政府机构的作用通过调节性的命令和财政刺激得以实现"，[1]政府主要职能就是提高效率、促进平等和稳定社会。

新自由主义经济时期。随着政府不断地干预经济，长期推行膨胀的经济政策导致通货膨胀和大举国债让西方资本主义国家遭受重创，20 世纪 70 年代出现了"滞胀"经济现象，经济学家们开始质疑凯恩斯主义，呼吁重现自由主义经济政策。以弗里德曼为代表，主张实行小政府大市场的运作形式，强调自由主义市场的优点，反对政府干预经济的理论，希望国家只需扮演好规章制度的制定者和仲裁人的角色。另一位重要的代表性人物便是公共选择学派的布坎南，他最大的贡献便是创立了公共选择理论，目标是把经济市场中的个人选择与政治市场中的公共选择融入同一个分析模型。根据"经济人"假定的分析模式，布坎南研究了在市场经济条件下政府干预行为的局限性，即政府失灵问题，这是公共选择理论的核心问题。新自由主义经济学大致上同意古典经济学关于"看不见的手"配置资源的理论，尽管市场本身也存在各种缺陷，但是可以通过界定产权等方法来弥补市场失灵，同样政府干预也有缺陷。

新凯恩斯主义经济时期。随着西方资本主义国家经济衰退和通货膨胀的经济形势导致了高失业率，新自由主义经济学无法从根源解决问题。应运而生出现了主张恢复"国家干预"的声音，并在传统凯恩斯主义的基础上加入一些非凯恩斯观点与理论。新凯恩斯主义经济学认为，在市场经济中，经济的浮动是不规则的，没有规律可言。由于存在市场失灵、经济衰退的现实的确需要政府的行动，政策干预是必要的。在新凯恩斯主义经济学中，主要研究的方向为风险问题、委托—代理、信息甄别、不完全竞争、保险市场、金融市场等。新凯恩斯主义经济学者尝试用"理性经济人"来补充凯恩斯宏观经济学的微观基础，实质上并不是对凯恩斯经济学的"继承和发展"，而是重燃凯恩斯传统经济学。

（二）西方国家政府与市场关系对我国长江经济带建设的启示

政府和市场不是对立的关系，而是相互作用、互为补充的，在现今我国经济社会的现实条件下，政府或者市场任何一方单独发挥作用是不可能的。因此，以市场为主导进行资源配置的前提是政府也要有所作为，增加政府支出来满足社会需要越来越成为一个势不可当的趋势。现实生活中，既不存在最优的政府支出水平，也不存在最佳的政府职能范围，但是，政府可以在市场失灵、提供公共物品、收入再分配、稳定经济等领域发挥作用。长江经济带作为我国除沿海开发地区以外对我国有重要战略意义的经济地带，拥有广阔的腹地和发展前景。政府对长江经济带进行更进一步地建设对整个长江流域的市场甚至全国市场经济有着巨大的推动作用。

政府在履行职能的过程中可以运用更多的政策工具，除了政府支出以及税收工具外，监管工具和政府负债相关的工具在目前已经发挥了重要作用，未来还有可能发挥更大的作用。而且，由于全球化进程日益加快，国家之间的关系越来越紧密，政府职能不应仅仅局限于国家层面，资源配置、收入分配等职能已经具有国际性的特点了。特别是全球变暖、国家犯罪、恐怖主义和国际金融等一系列的全球问题都需要国际合作，因为这些问题都具备公共物品或公共危害品的性质。此外，经济政策的运行越来越依靠国际合作，当今世界各种国际组织活跃与全球经济活动就是最好的证明。由于国际性的因素变得十分重要，因而国家政府职能运行需要考虑国际影响；反过来，国际因素也在慢慢改变现有的政府职能。而其中，无论是1997 年的亚洲金融危机还是 2008 年国际金融危机，都表明了国家政策需要加强金融监管。随着信息技术的发展和广泛普及，金融市场已经实现了全球化。长江经济带一直是我国重要的经济圈，政府在对长江经济带建设的经济进行干预时，应根据经济带的特点来采取相应的政策工具。

政府职能工具中最为常用的便是经济职能，财政政策往往能够影响一个国家的发展进程。维托·坦茨认为"从税收和政府支出角度出发，重新界定政府的经济职能是一个更为现实的长期调整策略"。[2]不错，政府实施的经济职能对市场有着巨大的指向作用。在一个秩序良好的市场中，消费者基本上可以通过市场来购买服务，而不需要政府提供，这将大大优化市场的作用，同样，政府可以在医疗、教育等领域从市场寻求服务。长江经济带建设是新常态下与我国对内对外开放相协调，推动经济大力发展的重要战略举措，长江经济带建设的经济意义重大，辐射超过国土五分之一面积近6亿多人，是缩小东西方差距，优化产业结构的重要契机，能够与丝绸之路经济带形成互动合作的新平台。因此，重新设计政府职能，引入市场机制，规范财政政策，对长江经济带建设来讲，将是一个巨大的挑战。

三、长江经济带建设中政府职能边界划分

长江经济带地理位置得天独厚，资源丰富，辐射空间广泛，通过政府的支持、引导和市场的参与、建设，有望成为新时期我国经济发展的龙头。长江经济带的建设中政府与市场的密切互动将会引导经济带的发展方向，是最基础的一环。如果能在建设中处理好政府与市场的关系，充分发挥政府和市场的活力，辐射更广泛的地区经济，对于维持我国整体经济高效发展具有重要意义。

当前，政府职能边界划分面临以下可能的影响因素，包括市场基础、金融市场、全球化、未来税收和政府支出等。在上述影响因素的共同作用下，未来政府职能边界会出现多种形态的变化，长江经济带的建设也就具有很多不确定性。在总的指导意见下，沿线各级政府的职能具有很大的自主性，因此对政府职能边界进行划分是未来稳定政府作用、规范政府行为的必由之路。从促进长江经济带建设的角度来说，政府职能可以分为以下

类别。

第一，经济建设类。经济建设是发展其他事务的基础，长江经济带的建设中，无论是对政府还是市场，经济建设都是重中之重。

推进各省市基础设施建设，特别是民生设施的建设。提供基础设施和优质的公共服务是政府的基本职能定位，根据《长江经济带综合立体交通走廊规划》，交通基础设施在长江经济带的建设中具有格外重要的意义。同时交通基础设施的完善对于物流业、旅游业、工业都有重要作用。2015 年 5 月 27 日，习近平总书记在浙江召开华东 7 省市党委主要负责同志座谈会，发表对"十三五"时期经济社会发展的意见和建议，其中重点强调了民生问题，指出要坚持经济发展以保障和改善民生为出发点和落脚点，全面解决好人民群众关心的教育、就业、收入、社保、医疗卫生、食品安全等问题，让改革发展成果更多、更公平、更实在地惠及广大人民群众。目前湖北省的基础设施建设已经给取得了一定的成果，但是各地市差异明显，城市间发展仍不平衡，省会武汉首位度过高，在全省经济、人口、教育、社会发展各方面资源过于集中，而其他各地市的资源有限，导致全省除武汉市外基础设施都具有很大的优化空间。借着建设长江经济带的契机，湖北省政府需要加强整个地区的基础设施建设，尤其民生设施建设，合理分布省会城市与其他城市的建设资源，让长江经济带的建设惠及广大人民群众。

促进产业转型升级。长江经济带上、中、下游之间存在显著的产业梯度和要素禀赋差异，产业能级沿长江流向呈现递增趋势，要素丰裕度则沿长江流向递减。湖北长江经济带仍处于工业化中期阶段，第二产业的主体工业仍以传统制造业为主，高科技产业少。第三产业比重较高，却以普通劳务性服务业为主，高科技、金融等技术服务业比重低。在湖北省内的产业分布业存在明显的层次性，武汉市明显优于其他城市，其次是宜昌、荆州、黄石、黄冈等逐渐递减。湖北省政府在促进产业转型升级中扮演规划、承接的主导作用，要对本地区的基本产业情况深入了解，顺应"互联网＋"和"工业 4.0"等发展大趋势，提供便利的条件、采用科学方法引导合适的高科技产业入驻，促进产业转型升级，同步推进新型工业化、信息化、城镇化、农业现代化，提高湖北社会经济发展水平，提供更多的就业岗位。

优化省内资源配置。湖北省在长期的经济社会发展中累积了这样的现实：武汉市吸收了全省大部分的资源，一城独大，武汉的 GDP 占整个湖北长江经济带地区生产总值的一半以上，全市固定资产投资占比四成以上，社会消费品零售总额占比超过一半，远远高于城市圈内其他城市。产业结构来看，武汉市三大产业比例为 3.7∶48.57∶47.73，明显优于其他城市，显示出湖北省的产业升级中，湖北省全省的资源很大程度上集中于武汉一个城市，而这样的一城独大现象对于整个湖北省的发展是不利的，长江经济带的建设也不可能只依赖武汉一个城市。因此，在政府分配资源的过程中应该增加对其他城市的投资力度，推动湖北省各城市和谐发展，提高整个地区的发展水平。

使用科学方法培育健全的市场主体。长江经济带虽然人口和生产总值均超过全国的 40%，但是市场主体整体上仍然是发育程度低，缺乏健康、强大的市场主体。政府无论是简政放权还是转变政府职能，都需要市场主体拥有持续发展经济的能力，政府才可能放开手脚，让市场经济发挥经济建设的决定性作用。在当前的"互联网＋"和"工业 4.0"浪潮下，过去这么多年，湖北为中国互联网的发展提供了非常多的优秀人才，雷军、周鸿祎在中国互联网挥斥方遒，湖北本地互联网发展却如此惨淡，这形成巨大的反差。现实最突出尴尬是，湖北互联网缺乏一家标杆性的互联网企业，不足以能吸纳足够多的人才。在政府职能边界上，政府既要做好公共服务与基础设施建设，也要从具体资源配置中彻底脱身，放低姿态开门问政，让有发展能力的市场主体在湖北得到需要的资源、政策、环境，培养出健康的、强大的市场主体，推动湖北省整个"互联网＋"产业的发展。

第二，政策法规类。无规矩不成方圆，为市场制定规则和制度，将市场运行规范化、制度化，是市场经济发展的内在规律。[4]

加强区域内政府间合作，形成有效的协调合作机制和统一的大市场，为市场经济发展开拓环境。在长江经济带的开发热潮中，沿江各省市尚没有建立起分工定位关系和有效的协调合作机制，沿江各地开发往往都是政府主导，行政色彩浓厚，这种各唱各调各走各路的方式客观上阻碍了长江经济带一体化进程。以正在实施的安徽皖江城市带建设和湖北长江经济带开放开发战略为例，二者规划的主导产业十分相似：皖江经济带建设共确定六大重点发展的支柱产业，分别是原材料产业、装备制造业、轻纺工业、高技术产业、现代服务业和现代农业；湖北长江经济带开发开放战略则确定了先进制造业、现代服务业、高新技术产业、现代农业和农产品加工业四大优先发展产业。对如何围绕产业配套、开展上下游地区省市的合作分工，更是没有进展。长江经济带在11个省级行政区的建设不能是分散、封闭的，需要11个省级行政区政府沟通建立起跨区域的经济合作方式，将长江经济带拧成一股绳，建立健全长江经济带产业发展协调机制，包括区域性、部分省市间的协调机制，形成合力，才能发挥最大的经济效能。

加强法制建设。法制建设是长江经济带建设的保障。长江经济带整个区域的政府区域协作平台建设，各省市的建设项目、标准、资金使用情况等对于长江经济带的建设水平是至关重要的。政府区域协作平台建设需要统一的法律规范，各省市的建设项目的引进、投资资金的获取和使用、建设项目的合格标准与检验，都要在具体的法律政策下进行，才能避免长江经济带建设流于形式，或者产生贪污腐败等违法犯罪行为。国务院应牵头制定整体长江经济带的法律规范，然后各省市制定本地区的法律规范，具体项目出台项目规范，将长江经济带建设的每一步都纳入法律的监督之下。

保证政策的连续性和稳定性。不能随领导人换届而大幅改变之前作出的发展规划，长江经济带的发展规划需要作为一项长期项目推进，保证其在领导人的换届选举中仍然保有连续性。我国的官员考核制度激励政府官员开展政绩工程，每届领导人要作出一定的政绩才能得到升迁，因此对于一项需要长期规划的区域性经济发展项目来说，领导人政绩导向可能会影响政策的连续性。长江经济带的发展对于未来我国整体的经济发展具有举足轻重的意义，因此长江经济带的建设中，湖北省政府需要对于官员考核机制作出相应调整，改变政绩工程的考核力度，着重加强对建设项目质量的考察，以适应长期项目发展的需要。

加强对长江经济带的事中、事后监督，提高金融监管能力。长江经济带的建设除了需要政府的规划和市场的参与之外，还需要政府专门对发展的进度、效果进行监管，以保证发展效果得到及时的反馈，并纠正建设过程中出现的问题。尤其是长江经济带的建设将涉及大量资金运作和金融活动，政府部门和私人都有钻空子的可能。第一届长江经济带金融论坛在武汉东湖国际会议中心开幕，旨在建立长江经济带金融合作交流的新机制，共同构建优势互补、互利共赢的长江经济带金融发展的新格局。因此湖北省政府有关部门需要加强监管能力，尤其是金融监管，出台专门的监管规范，用法律来防止出现违法违规项目操作，防微杜渐，保障金融安全。

第三，环保应急类。习近平总书记在浙江召开华东7省市党委主要负责同志座谈会，发表对"十三五"时期经济社会发展的意见和建议时指出，要科学布局生产空间、生活空间、生态空间，扎实推进生态环境保护，让给良好生态环境成为人民生活质量的增长点，成为展现我国良好形象的发力点。

加强生态环境保护。建立生态补偿机制，促进环境保护与资源节约。长江经济带的基础交通建设和经济建设必须注重对长江经济带沿线生态环境的保护，抛弃过去"先开发后治理"的发展路径，增强发展的科学性。几十年来，长江流域生态环境部分恶化，大批重化工产业沿江布局，导致长江黄金水道遭到持续的污染与破坏，生物资源逐步衰退，给整个长江的生态环境敲响了警钟。国务院出台的《意见》中提到了要建立生态环境协同保护治理机制，完善长江环境污染联防联控机制和预警应急体系。湖北省应发挥领头作用，推动建立跨区域生态补偿机制，建立生态保护示范区，推进水权、碳排放权、排污权交易，推进环境污染第三方治理。

完善应急管理机制，维护社会公共安全。近年来的公共安全事件频发，从2003年的非典疫情，到2008年的汶川地震，再到2015年天津塘沽爆炸事件，公共安全事件频繁发生，每一次都让人们不知所措、紧张应对，这正反映了我国在应急管理方面的欠缺。公共安全的维护不能仅仅通过发生了公共安全事件之后才紧急应对，而应该完善好应急管理机制，对于可能发生的危险事件做好方案预警和知识宣传。2015年6月1日，东方之星号客轮在长江中游湖北监利水域沉没，死亡400余人，这是一次严重的公共安全事故，为长江流域的安全行使敲响了警钟。政府在应急管理中处于主导地位，政府既应当加强对潜在的破坏性事件的事先预防，也应当注重时候救援，政府的作为将直接影响着灾难治理的有效性。长江经济带的建设涉及在长江流域的建设项目，直接面对的是大自然的力量，湖北省政府需要更加重视应急管理机制的完善，尤其是对灾难的应对，提前做好系统预案，尽可能地减少建设过程中出现的危险。

政府与市场的关系再也不是以前的非此即彼的关系了，政府与市场都是现代社会生活中必不可缺的重要组成部分，正确处理政府与市场关系的关键是找到恰当的平衡点。那么，政府与市场的平衡点在哪里呢？政府有效发挥作用的途径是什么？众所周知，现在社会需要政府，政府必须发挥作用，问题是，政府应该做什么、如何做。回答这个问题的困难之处在于如何在两个极端之间确定政府的最优干预度：一个极端是"中央计划经济"，即自称代表国家利益的政府代替社会公众作出了所有的经济决定；另一个极端是"自由放任主义"，即政府的作用仅限于去做那些市场无法做到、社会又不可或缺的事情。如何在这两个极端之间找到恰当的平衡点，是经济学家和政策制定者共同面临的挑战。

政府职能应该与时俱进、吐故纳新，应该树立这样一种理念，即政府的职能是不断演进的，它会随着市场环境的变化而变化，同时又会影响市场环境。通过对西方国家政府与市场关系的演变进程，以及新中国成立以来政府与市场关系的不断博弈中，我们发现，古今中外政府在社会生活中是必需的，政府存在的正当性不以市场失灵为前提。无论是市场发展良好或是市场萎缩时，政府都必须发挥公共管理和服务的作用。但是出于对政治集团或官僚利益的考虑，政府往往倾向于代替市场，而不仅仅是纠正市场失灵问题。随着时间的推移，市场越来越发达，以致有可能满足社会公民更多的需求。

2015年5月27日，习近平总书记在浙江召开华东7省市党委主要负责同志座谈会，在讲话中明确了"十三五"规划期间经济社会发展的十大目标任务，即"保持经济增长、转变经济发展方式、调整优化产业结构、推动创新驱动发展、加快农业现代化步伐、改革体制机制、推动协调发展、加强生态文明建设、保障和改善民生、推进扶贫开发"，要求在"十三五"时期取得明显突破。政府与市场将围绕这十大目标共同努力，在经济发展中更好地相互适应。在目前最新的"互联网＋"、"工业4.0"浪潮下，市场有更多的机会发挥更重要的作用。长江经济带建设正是我国优化政府与市场关系的重要契机，建设过程中可以积累丰富的经验，发挥政府主导作用的同时给予市场足够的作用空间，共同建设长江经济带。

参考文献

［1］（美）保罗·A.萨缪尔森，威廉·D.诺德豪斯.经济学（第12版）［M］.北京：中国发展出版社，1992：68.

［2］维托·坦茨.政府与市场变革中的政府职能［M］.北京：商务印书馆，2014：356.

［3］［美］维托·坦茨.政府与市场：变革中的政府职能（第一版）［M］.王宇等译.北京：商务印书馆，2014：342.

［4］洪银兴.关键是厘清市场与政府作用的边界——市场对资源配置起决定性作用后政府作用的转型［J］.红旗文稿，2014（3）.

乡村治理中公共产品供给机制创新思考

◎徐铜柱

湖北民族学院法学院，湖北恩施，445000

摘　要： 创新农村公共产品供给机制是建设小康社会的重要保障。在原有体制下，农村公共产品供给存在总量不足、结构失衡、体制不顺、责任不明等问题，原因在于不合理的政绩导向、城乡二元结构、决策体制等因素所致。当前，应从政绩标准、决策体制、权责关系和融资渠道等方面创新公共产品供给机制，推进农村治理的整体步伐。

关键词： 公共产品　供给机制　创新

党的十八大报告指出，加强社会建设是社会和谐稳定的重要保证。必须从维护最广大人民根本利益的高度，加快健全基本公共服务体系，加强和创新社会管理，推动社会主义和谐社会建设。这一目标为农村的发展带来了新的历史机遇。可以说，农村公共产品的有效供给是农村发展的基础，直接关系到和谐社会目标的实现程度。改革开放以来，民族地区农村贫穷落后的状况得到很大改善，但还存在许多制约发展的因素，其中重要的一点就是农村公共产品供给机制不完善。

一、农村公共产品供给的现状分析

何谓农村公共产品？它是相对于农民自己的私人产品而言的，指在有限范围内农村居民可以共同享用和消费的、具有非竞争性和非排他性等特点的各类产品或服务。其范围涉及农村的公共事业、基础设施、公共服务、公共福利等方面，如义务教育、社会保障、医疗卫生、道路交通、科技服务等。目前，农村公共产品供给还存在诸多不合理因素。

（一）总量不足，结构失衡

当前农村公共产品供给现状远远不能满足人们的需求，很多公共产品还是计划经济时代提供的。根据邹进泰和马德富学者的调研统计，以湖北农村水利设施为例：修建于 20 世纪五六十年代的占 51%，70 年代的占 35%，80 年代的占 14%，运行时间久，病险设施比重大。全省排灌泵老化率达 60%，渠道建筑老化率为 40%，灌溉能力下降。安树伟在《中国农村贫困问题研究》中统计分析，农村基础教育和医疗卫生的投入少：2000 年我国农村初中适龄人口占全国适龄人口的 66.13%，而农村初中教育经费仅占全国初中教育经费的 49.87%，城乡资源分配不合理。另据卫生部门的资料，占总人口 30% 的城市居民享有 80% 的卫生资源配置，而占总人口 70% 的农村居民只享有 20% 的卫生资源配置。这种差距在民族地区更为严重。除此之外，农村基础设施、社会保障、科技服务等公共产品也严重不足。除总量不足外，农村公共产品的供给结构也不合理。一方面，农民急需的公共产品供给不足，如教育、医疗卫生、交通、灌溉设备、科技、信息等公共产品严重不足，影响农村可持续发展能力；另一方面，与农民切身利益关系不大的公共产品又供给过剩，如一些县市政府修大型广场、建公园草坪、建政绩工程等，这些耗资巨大产品并不能给老百姓带来多少实惠。

（二）体制不顺，责任不明

体制不顺主要体现在两个方面：一是"自上而下"的决策机制不合理。在传统体制下，一切都由政府安排，根据阿罗不可能定理，"自上而下"的决策体制在纯公共产品的供给上是有效的，但对于准公共产品的供给，这种决策体制往往只从政府的偏好出发，忽视农民的实际需求。二是执行机制不合理。分税制实行后，地方政府普遍面临经费困难问题，只好将事权下放，筹资更多的是向农民摊派，而农民因贫困根本无力承担公共产品的供给任务，导致政府供给目标的落空。除体制外，政府的职能不清、责任不明。首先，中央政府与地方政府的责任划分不明。中央政府把本应由自己供给的公共产品，常通过转移事权的方式交给地方政府。其次，地方政府职能"错位""缺位"。因过去政绩观的不合理，导致政府行为以自身利益的得失为取向，政府只注重投资少、见效快的"显形"政绩，而对于投资大、见效慢的公共产品缺乏动力和兴趣。

（三）供给主体单一，社会参与不够

尽管政府职能有很多缺失，但它依然是农村公共产品的主要供给者，其他非政府组织如企业、第三部门等因受政策、产权界定和自身文化素质等因素的影响，很难主动进入农村公共产品供给领域。原因：一是企业和私人组织的根本目的是争取利润的最大化，以盈利为目的。而提供公共产品容易造成"搭便车"的行为发生，致使投资成本不能收回，所以企业和私人组织不愿介入。二是第三部门发展滞后。根据国外的经验，第三部门承担着许多社会事务和公共福利事业，发挥着政府和企业都无法替代的作用。而我国因经济发展水平的影响，第三部门还不成熟，其作用远不能发挥。

二、农村公共产品供给不足的原因

（一）不合理的政绩评价标准导致政府投资主体的本位偏向

改革开放以后，我国确立了"以经济建设为中心"的战略选择，但在实践中人们将其片面化，把"以经济建设为中心"等同于"以 GDP 为中心"，对干部的考核过于注重"数字"和"显形政绩"，无意识地引导地方政府在公共产品的供给上坚持本位思想。对上级要求的、领导喜欢的、容易见效的公共项目大力兴建，各类"形象工程""政绩工程""标志性建筑"应运而生。相反，广大农民急需的公共产品政府对其缺乏兴趣。实践证明，在政绩和经济利益的驱使下，农村基层政府已成为既垄断权力又追求利益的实体，他们的目标同农民追求的目标时常发生冲突，造成农村公共产品供给的失衡和低效。

（二）城乡二元制度规避了政府对农村公共产品供给的责任

城乡二元制度，是指在我国社会主义建设初期，政府以行政手段将中国社会分割成城市和乡村两大板块，以城市为中心的发展政策，其实质就是以牺牲农村利益为代价来满足城市的优先发展。于此背景下，政府理所当然地"重城市、轻农村"，把大量的公共资源投入到城市，规避了对农村公共产品供给的责任。郭江平学者从我国医疗保健费用的投入分析得出结论：30%的城镇人口享有80%的卫生资源配置，而占总人口70%的农村人口只享有20%的卫生资源配置。由此可见，城乡二元制从制度上让政府将公共产品的供给重点选向城市而非农村，推卸了对农村公共产品供给的应有责任。

（三）决策与监督机制的不完善导致政府职能的"缺位"与"错位"

当前，政府是农村公共产品供给的决策主体，而农民却不是决策系统的成员，他们的需求意愿缺乏正式的表达机制，只能被动地听从政府"为民做主"。同时，政府在履行供给职能时，常常因缺乏调查研究或价值偏向等原因，一厢情愿地设定农民的需求，有时甚至强迫农民接受。这种"自上而下"的决策机制不利于农民实际需求的满足。特别是当前我国农村公共产品供给监督机制还不完善，对"监督什么""由谁监督""如何监督"等问题不明细，该进入的领域未进入，该早进入的晚进入，从而形成政府行为在农村公共产品供给中特有的"错位""缺位"现象。

（四）资金不足成为制约农村公共产品供给的"瓶颈"

地方政府在"税费改革"后普遍出现事权增多、财权减少的现象，造成事权与财权的严重失衡。中央政府在下放事权的同时，并没有相应地赋予农村基层政府足够的预算资金，只能由农村基层政府自行解决。可以说，农村公共产品供给的实质就是资金问题。一是基层政府财力有限，主要依赖财政拨款。二是农村生产力落后，农民的经济实力弱，提供资金的能力有限。三是有效的筹资机制没能较好的建立。总之，资金困难已成为制约农村公共产品供给的"瓶颈"。

三、建立新农村公共产品供给机制的对策

（一）更新理念，创新体制，建立新的政绩评价机制

按照新农村的目标要求，政府必须首先转变执政理念，即由统治型政府向治理型政府转变，由经济建设型政府向公共服务型政府转变，从"以政府为中心"向"以民为本"转变，以农村的真正需求为价值取向。突破城乡"二元"结构下"重城市、轻农村"的定式思维，把中央"统筹城乡发展"的精神落到实处。要做到这一点，前提是重塑政府行为的评价标准，转变以往"唯GDP论""唯经济增长论"等政绩指标，建立符合新农村要求的新的政绩评价标准。具体内容：一是财政用于农村公共产品比例标准，二是"整村推进"实施标准，三是农民收入增长率标准，四是农村适龄儿童入学率标准及义务教育标准，五是农民医疗保险标准，六是社会保障标准，七是农民住房标准，八是农村社会治安标准，九是计划生育标准，十是干群关系标准（通过群休事件、上访率等因素衡量），十一是群众满意度标准等。

（二）以民为本，建立"以民为主"的决策机制

在现行体制下，对"提供什么""提供多少"等问题都是由政府做主，常出现群众不满意的局面。究其原因，主要在于决策主体的颠倒，即农民需求的事情自己不能做主，对他们提供什么主要由政府安排。从社会学的角度看，不同的阶层对利益的关注程度也不一样。农村基层政府既掌握权力，又有自身特殊利益的追求，许多目标同广大农民的利益诉求是矛盾的。因此，必须改变这种"为民做主"的制度安排，构建"以民为主"的决策机制。具体要求：一是建立农民参与决策机制，让更多农民代表进入决策层。二是培训农民，提高农民的素质。三是政务公开，加强群众监督。

（三）转变职能，界定职责，建立明确的权责机制

政府在新农村建设中的职能主要是提供公共产品和公共服务。但由于

公共产品的层次性和地域性，又决定着不同层次的供给主体的职责不尽相同。因此，合理化划分各级政府的职责是十分必要的。具体要求：带有全国性的公共产品理应由中央政府承担，如政策法规、江河治理、生态保护、金融体系等；属区域性的公共产品由地方政府、或受益地区的政府、或中央与地方政府共同承担；涉及农民切身利益的公共产品，如机械化农具、通村通户公路、沼气、种植技术等应由县、乡、村三级组织共同承担。只有明确了各级政府的事权，才可防止政府行为互相推诿，并为群众监督提供依据。

（四）拓宽渠道，建立以政府为主体、社会广泛参与的融资机制

民族地区农村发展滞后，没有提供公共产品的能力。因此，政府既不能将公共产品的供给过多的转移到农民头上，也不能随意推给市场。当前，建立以政府为主体、社会广泛参与的融资方式不失为有效的方法。所谓以政府为主体，就是政府负责农村主要公共产品的供给，并承担重大项目的全部资金。同时，要创建社会参与机制，在政府的主导下，通过政府的优惠、激励、有偿政策的引导，调动企业、第三部门、个人等主体参与到农村公共产品供给的活动中来。农村筹资渠道可根据各地实际情况来选择，例如，向金融机构融资、利用减免税收和给予信贷等优惠政策集资、发行农村公共产品建设专项国债等，提升地方政府治理能力。

现代公民身份与中国农民工有序市民化研究[*]

◎张金庆　冷向明

华中师范大学公共管理学院，湖北武汉，430079

摘　要： 农民工市民化过程是城乡一体、工农平权的过程，实质是现代公民身份及其权利实现，与中国现代国家构建是同一进程，是其重要内容。城乡二元治理体制以地域社区成员身份及户籍身份僭越公民身份，形成农民工与市民权利的差序格局，一方面是权利不平等（差），另一方面是民事、政治与社会权利发展失衡（序）。改革开放以来，农民工权利遵循民事、社会、政治的序列获得发展。但基于"行政赋权"机制的农民工权利获致呈现"非均衡赋权、碎片化赋权、个体化赋权、被动式赋权"的特征与问题，显现出弱化国家权威与制度认同等诸多严重的政治社会风险。实现有序市民化，从根本上看，需要"找回国家"，解构"公民身份差序格局"，"地方公民身份"必须让位于"国家公民身份"；构建现代国家，实现民事、政治、社会三权均衡发展；从当前来看，需要国家赋权"集体权利"，规范有序地构建农民工"工业公民身份"，以及社区动员与支持，开

---

　*　本文得到国家留学基金和国家社会科学基金项目"农民市民化进程中的政府治理变革研究"（项目批准号：11CGL075）的资助。

　　冷向明为本文通讯作者。

放包容地构建农民工城市"社区公民身份"。

  关键词：农民工市民化 工农平权 现代公民身份 现代国家构建

一、问题的提出与分析框架

（一）问题的提出

  近年来，国家解决农民工问题的思路逐步由"权益保障"转移到"市民化"上来。如中国共产党十八大报告明确指出，"加快改革户籍制度，有序推进农业转移人口市民化"。市民化意味着"农民工的终结"。研究指出，"城乡一体、工农平权之时也就是民工'终结'之日"。[1]换言之，农民工市民化的关键在于打破原有的"城乡分治、一国两策"治理格局下形成的工业优先、城市优先、市民优先的权利配置和利益分配格局，实现城乡、工农权利平等。

  在现代国家，公民身份是公民权利的基础，它是由国家法律规定的国民资格，包括公民应承担义务和应享权利。理论上，同一国家正式成员之间，公民身份是平等的。但是在实践中，公民身份的实现程度具有发展性和非均衡性等特点，[2]公民之间存在着差别与不平等待遇通常是现代国家的常态，[3]重要原因在于各种非公民身份（如民族、性别、宗教、党派、地域等）僭越公民身份成为制度安排以及政策设计的基础。中国现行宪法规定"中华人民共和国公民在法律面前一律平等"，中国公民拥有平等的公民身份及权利。但在城乡二元治理体制下，城市优先的原则，导致同为中国公民的市民和农民所拥有的公民身份权利事实上存在很大的差别。

  "农民工"这一概念是中国特定城乡二元治理体制的产物，具有多重身份含义：一是职业身份，指农业产业的从业者；二是政治身份，指工人阶级的联盟；三是地域社区成员身份，指与城市社区成员即市民相对应的农村社区成员；四是户籍身份，指农业户口的拥有者。农民工在身份上具有如下特征：职业身份是非农产业从业者，政治身份是"新型产业工人"，这是"工"的身份特征；地域社区成员身份依旧被视为农村社区成员而非务工经商的城市社区成员，户籍身份是农业户口，这是"农民"的身份特征。显然，农民工群体的"农民"身份特征是城乡二元治理体制建构的结果，这种结果本质上是用地域社区成员身份以及户籍身份僭越了现代公民身份，实践中表现为城市社会对农民工的社会排斥。① 社会排斥的结果是农民工离土离乡，务工经商，却享受不到与市民同等的"国民待遇"，造成在公民权利享有上的不平等，产生了"半城市化""半市民化"等种种问题。

近年来，国家以城乡统筹思想为指导，着力破除城乡二元结构，构建"以工促农、以城带乡、工农互惠、城乡一体的新型工农、城乡关系"。2014年，《国务院关于进一步推进户籍制度改革的意见》（以下简称《意见》）明确提出，"取消农业户口与非农业户口性质区分，统一登记为居民户口"。国家治理体制由城乡二元分割向城乡一体迈出了具有历史意义的一步。前述农民工的"农民"身份特质又被抽离一项，即户籍身份。这意味着"农民工"一词的终结，体现在国家权威规范文本中就是逐步以"农业转移人口"一词替代"农民工"一词；但这不意味着"农民工终结"，因为农民工在城市面临双重弱势，即基于户籍身份"农业—非农"造成的"城乡差分"与基于地域社区成员身份"本地—外来"造成的"内外之别"。[4] 而随着城乡一体化管理的推进，在传统二元治理体制解体的同时，一种新二元治理体制在城市悄然生成。新二元治理体制主要表现为"内外有别"。所谓内外有别，是指城市政府优先保护本地户籍居民的利益，而将农民工纳入次等的城市福利体系。

新二元治理体制方便了城市政府和企业将"劳动力再生产"成本转嫁到农民工户籍地政府和原生家庭，[5] 但农民工在国家治理和企业管理中的法定权利均未得到应有的保障。这种格局固化了农民工的弱势与边缘化的再生产，使其成为城市中最易陷入贫困的群体，构成了城市社会最明显最庞大的"城市下层"。[6] 农民工遭遇的贫困，如阿玛蒂亚·森所指的，不单是

---

① 这里所谓的"社会排斥"，是指"对基于公民身份（citizenship）的民事、政治与社会权利的否认，或此些权利未充分实现，权利得不到认同或得到认同却缺乏实现这些权利所必需的政治和法律体系"。参见丁开杰. 社会排斥与体面劳动问题研究［M］. 北京：中国社会出版社，2012：13.

供给不足，更多的是权利不足。[7]

实践中，从"权利角度"分析问题逐步成为改革开放后的传统，国家治理也越来越重视以公民权利为基础。[8]以《意见》为例，从内容分析来看，文本含 3 个"公民"、1 个"公民身份"、2 个"资格"（农民工子女中高考资格）、1 个"公民权利"与 4 个"权利"（社会福利权等）、3 个"权益"及 18 个"权"（财产权等）。以"权利"衡量农民工市民化是学界的分析路径之一，但对农民工权利的学理性研究还不够，"较少从公民身份权利框架分析农民工市民化问题"，[9]既有研究主要基于 T. H. 马歇尔的"社会权利"，而对马歇尔提出的民事权利以及政治权利重视不够。本文关注的问题是，从公民身份权利角度来看，中国农民工权利演进的逻辑是什么，这一逻辑所揭示的国家对农民工的赋权机制、特征以及可能面临的政治社会风险是什么，以及应对这些风险、实现有序市民化，国家对农民工的赋权应当如何调整。

（二）分析框架

根据在当代产生重要影响的自由主义公民身份理论的代表者 T. H. 马歇尔的经典分析，公民身份复合了三种形式的公民权利，即民事权利（civil citizenship）、政治权利（political citizenship）和社会权利（social citizenship）。民事权利是现代法治国家的基本要素，指拥有财产权和签订有效契约的权利、自由选择权、结社自由权、言论自由权、法律面前人人平等的权利等，由司法机关保障。政治权利指的是每个社会成员都可以作为投票者或以直接政治实践的方式参与行使政治权力的权利，由立法机关实现。社会权利所关注的是每个人都享有某种程度的最低生活标准、经济福利和安全的权利，由行政机关中的教育体制与公共服务体系实现。[10]民事权利的核心是自由，政治权利的核心是民主，社会权利的核心是福利。

T. H. 马歇尔的分析框架是基于对在市场经济劳动关系"资强劳弱"格局中，遭遇社会不平等与贫困弱势的工人阶级的命运关怀提出的。T. H. 马歇尔认为，公民身份本质在于现代社会中公民权利的平等，可以削弱原则上完全不平等的阶级体系不平等。民事权利冲破了计划性的传统等级制社会阶级体系，导向现代社会契约关系，保护个体免于有组织的暴力压制与侵害，且从某种程度上衍生出政治权利。政治权利是诸种权利的根基，是民事、社会权利的重要保障，通过民主的途径或方法调整民事权利、社会权利的内容。社会权利是公民权的最高表达形式，使得民事、政治权利具有实质意义，发挥着"去商品化"价值，能保证即使是最贫穷的社会成员（主要指工人阶级）也能融入并参与社会，提供了探索社会分化、社会排斥等动态机制的可能……以评估社会不平等的水平与原因。[11]实现、体现和维护平等公民身份，在于国家权力、制度、法律、政策的有效配合。

T. H. 马歇尔将公民身份在西欧（主要是英国）的演进概括为三大发展阶段，并形成了一个系统的论说，即 18 世纪逐步实现民事权利，19 世纪逐步实现政治权利，20 世纪逐步实现社会权利。英国是"民事权利→政治权利→社会权利"这一发展序列的典型。

本文的理论旨趣不在于验证中国农民工现代公民权利的变迁序列是"马歇尔式"的还是"非马歇尔式"的，从既有经验来看，中国农民工公民身份权利变迁序列显然不同于主要基于英国经验的马歇尔序列，如同裴宜理指出的，"不同于马歇尔对欧洲的情况所进行的梳理性描述，中国对于'社会权利'的理解作为其'政治权利'的基石已经持续了许多世纪"；[12]本文的理论旨趣在于，借用马歇尔的分析框架，剖析中国农民工公民身份及其权利演进的机制、特征、存在问题以及有序市民化的可能路径。

二、公民身份的实现：中国农民工市民化的权利逻辑

短时期内，公民身份权利变革主要取决于国内政策因素。[13]因此，本文主要从国家立法层面与政策操作层面，分析改革开放以来农民工市民化进程中公民身份权利的变革逻辑。

（一）农民工民事权利曲折拓展

1. 土地经营权与劳动力自由使用权

改革开放的逻辑起点是农村经济体制改革与确立家庭联产承包责任制。作为中国农村土地制度的重大转折，承包制的深层意涵可解读为财产自由

权的重新界定，并拓展至人身自由权。其一，土地"家庭经营"取代"集体经营"。契约分田包产到户（与国家签订契约），土地部分产权（使用权或经营权、收益权，归属于民事权范畴）回归农民，农业生产形式实现个体化自主经营，增进了农民财产权。其二，劳动力使用权"自主支配"取代"集体支配"。承包制突破了人民公社计划体制对农民人身自由权利的限制，劳动力脱离集体所有与支配，农民重新获得自身劳动力使用权、相对宽松的行动空间和行为自由，为农民能够从农业生产中转移出来进入城市，在市场中自由转让劳动力使用权构成基础条件，为农民城乡流动这一改变中国政治、经济、社会形态的集体行动提供了最初的、最基本的原始推动力。

2. 自由流动权与自由择业权

户籍制度以法律形式把我国公民划分为"农民"和"市民"两类合法身份，而农民进城类似"非法移民"。[14]1984 年，国家允许农民进入城镇务工经商，但要求"自筹资金、自理口粮"，等同于国家宣告不赋农民工社会权利。1989 年后"民工潮"爆发，"盲流"概念重新冠名于农民工群体，歧视性的"盲流控制"与民事权相悖，农民工初步发育的自由流动、务工经商权利受限。1992 年后市场经济加速拓展，票证、统购统销制度取消，实质上增进了农民工人身自由权。但 1994 年劳动部将地方农民工就业限制措施提升为全国性规定，推出"流动就业证"作为政策工具，构成 90 年代中期以来对农民工实施就业壁垒的基础，侵犯了农民工就业权；1995 年后"暂住证"被视为农民工"合法身份"证明，在规定时限内未办证者为"非法居留"。1992 年后具有社会救助制度初衷的收容遣送被逐步泛化、异化为治安管控手段，其对象扩至三证不全的农民工，衔接了身份证、务工证、暂住证制度，至 2003 年废止的十余年间，从民事权角度看，其以"有罪推定"的方式限制了农民工人身自由、迁徙自由、行动自由和择业自由权。2000 年后"取消针对农民工就业的不合理限制、歧视性规定"持续进入政策过程，农民工自由流动、就业权获得国家正视。直至收容遣送废止，国家将农民工定性为"工人阶级新成员"（2004 年），农民工得到国家正式承认，身份合法化。然而，其仍属于过渡性身份，缺乏合法市民身份及其权利。

（二）农民工社会权利优先全面赋权

社会权利的贫困是中国农民工所有贫困现象的重要根源，学界集中呼吁具有"去商品化"功能的社会权利优先发展。[15] 国家也积极回应，并借由户籍制度改革与构建农民工社会政策优先赋予农民工社会权利。

1. 社会权利与户籍逐步脱钩

户籍制度限制农民迁徙权的功能在 2003 年控制农民流动的功能终结后（自由流动权）依然存在，但户籍改革的思维与焦点已逐步转移到以"城市新移民观"取代"农村剩余劳动力观"，以及户口与社会权利脱钩（去利益化）问题上。

户籍改革自 20 世纪 80 年代启动但无实质进展。至 2001 年，国家方将 1997 年公安部小城镇户籍改革试点方案提升为全国性改革指导意见。从权利视角看，此后几次户籍改革主要有这些关键变化：（1）政策理念：2001 年改革方案提出"同等权利"概念，但并未作为改革基本理念；2011 年方案则提出完善农民工公共服务不与户口性质挂钩，凸显了政策操作的权利逻辑；2014 年农民、市民身份统一，且全面地引入了"权利本位"的制度改革理念。（2）地域范围：由小城镇逐步扩大到县级市，至 2011 年拓展至市，未来将长期坚持合理控制大城市人口规模；2013 年国务院提出将"自由迁徙"确立为制度变革的目标。（3）辅助政策：2014 年，居住证取代暂住证，由地方经验提升为国家政策议程。国家就流动人口首次行政立法的《居住证管理办法》向社会公开征求意见，将对农民工获致平等公民身份产生重大的积极影响。至此，"自由迁徙权"回归并真正实现的制度环境正全面形成。

2. 劳动保障、受教育权与社会保障

中国 20 世纪 90 年代的福利改革只赋予城市正式部门成员，绝大多数农村人口和非正式部门就业人口完全自生自灭。[16] 21 世纪初以来，国家开始构建农民工权益保障型社会政策，而社会政策正是以消除社会排斥、将公民社会权利制度化为己任。[17]

（1）劳动保障：中共十六届三中全会开启了统一城乡劳动力市场、构建城乡劳动者平等就业制度议题。自 2003 年起国家开始完善农民工就业、创业制度保障，建立覆盖城乡的公共就业服务网络体系，并着力解决农民工工伤保险问题；2007 年立法规定执行最低工资制度，建立农民工工资正常增长和支付保障机制。（2）受教育权：自 2003 年始，国家要求做好农民工培训工作，保障农民工子女接受义务教育的权利。涉农民工职业培训、子女教育等服务和管理经费纳入财政预算；出台了长期的农民工培训规划；明确务工地政府负责农民工子女义务教育工作，以全日制公办中小学为主。（3）社会保障：国家"十一五"规划（2006 年）提出解决农民工社会保障问题。一是医疗保险，2009 年国家推进以农民工为重点的基本医疗保险关系转移接续，解决其基本医疗保险问题，规定明确用人单位对签订劳动合同并与企业建立稳定劳动关系的农民工的缴费责任，将其纳入城镇职工基本医疗保险制度；二是养老保险，2010 年特别针对农民工参加养老保险做了详细规定，2014 年推动实现农民工养老保险全国转移接续；三是社会救助，2014 年施行社会救助领域第一部综合性法规《社会救助暂行办法》，涵盖低保、医疗、教育、就业、临时救助等，辅助社会保障城乡统筹；四是住房保障，2014 年提出将进城落户农民完全纳入城镇住房保障体系，《意见》也提出将在城镇稳定就业的农民工纳入住房公积金制度实施范围。预计至 2020 年可实现社会保障的应保尽保。

（三）农民工政治权利城乡双重边缘化

1. 城乡双重边缘化

一方面，原户籍所在地政治与公共事务管理，或因为与自身利益关系不大，或参与成本太高，或脱离太久已疏远，表现为"不愿参与"；另一方面，城市政治与公共事务管理与农民工的切身利益密切相关，尤其是在城市工作生活中，权益遭受侵害的情况经常发生，迫切需要一定的组织或机构来代表和维护其利益，因此农民工有着强烈的参与意愿，但现实境况是无论政治组织还是政治活动均"参与无门"。两相叠加，则导致现实政治生活中农民工脱嵌乡村政治系统，却又难以嵌入城市政治系统，成为"政治边缘人"，而且是乡村与城市的"双重政治边缘人"，形成政治性贫困。中国综合社会调查（CGSS）（见表1）证实了这一状况。

表1　　　　　　　　农民工政治权利的实证测量（CGSS）

80前/80后农民工		政治面貌	是否参与上次居委会/村委会选举			是否工会成员		
		中共党员	是	否	无投票资格	是	以前是现在否	从来不是
n＝901（CGSS2011）	80前（n＝628）	6.1	50.3	43.5	5.9	4.6	3.2	91.1
	80后（n＝273）	3.7	32.6	59.7	7.7	3.7	1.1	93.4
n＝1820（CGSS2012）	80前（n＝1248）	7.5	55.3	40.1	4.6	3.8	2.6	93.3
	80后（n＝572）	5.8	24.7	65.0	10.1	4.4	0.9	94.4
n＝1968（CGSS2013）	80前（n＝1316）	6.8	46.4	47.9	5.8	4.7	2.4	92.4
	80后（n＝652）	4.6	23.9	64.3	11.8	2.8	1.5	95.2

数据来源：根据2011—2013年连续3年CGSS数据整理（以a18＝"农业户口"、a58＝"从事非农工作"为条件筛选农民工样本），表格中主要变量的单位为百分比。

2. 保障农民工政治权利诉求总体上没有进入国家政策议程

国家政策层面，《国务院关于解决农民工问题的若干意见》（2006年）最早涉及农民工政治权利议题，但其仍主张农民工户籍所在地保障实现农民工依法享有的民主政治权利，忽视了农民工的"城市新移民"特征与趋势，且较之于农民工社会权利政策的渐成体系与制度化（获得充分的法权保障），农民工在城市的政治权利的操作直至《民政部关于促进农民工融入城市社区的意见》（2012年）中仅有小篇幅的"惊鸿一瞥"，其决策权威较之于农民工社会权利赋权，局限于"部委意见"层面，政策效力偏低，主要限定于基层自治层面，且政策实践推进比较缓慢。2010年全国人大常委会副委员长王兆国《关于中华人民共和国全国人民代表大会和地方各级人民代表大会选举法修正案草案的说明》中指出，"农民工为主体的流动人口如何参加现工作地的县乡直接选举的问题，现在还不具备解决条件"。[18]可见，既有的城市政治制度设计"沿袭着长期城乡分割的体制，还没有为农民工这一特殊群体准备好必要的参与渠道和机制"。[19]

三、农民工平等公民身份权利的赋权机制、特征及问题

从赋权机制上来看，农民工权利变迁是一个"行政赋权"的过程，即农民工获得前述提及的各种权利，主要由政府根据经济社会发展需要而赋予。政府在农民工平等公民身份权利的实现过程中发挥着主导作用。然而，这种赋权机制也有一定弊端，行政既能赋权，也能限权、剥权。[20]具体而言，农民工行政赋权机制具有如下特征，也带来如下问题和风险。

（一）非均衡赋权

基于前文"权利逻辑"的分析，中国农民工公民身份权利非均衡发展的"差序格局"呈现民事权利尚不完整、社会权利优先赋权、政治权利双重缺失的演进形态，印证了"'社会权利'从纯粹技术角度看可以脱离'民事权利'和'政治权利'而孤立地从其自身出发得到发展和施行"[21]的观点。一方面，这有利于消除农民工群体的贫困、社会排斥、阶级差距，减少贫困所带来的明显痛苦，而且能够改变整个社会的不平等模式，增进社会团结，实现社会融合；另一方面，若后续发展不及时加以调整，易导向"恩赐政治"而非"现代政治"，从而限制公民的民事权利与政治权利的实现。民事权利与政治权利的实现各有其特定社会秩序功能，民事权利不完整导致农民工的土地财产权、工资福利权尚未得到法律的充分保障，如工资前清后欠时有发生，工作环境恶劣仍为常态，未充分确权的土地导致农民土地财产权虚置等，引发了大量社会冲突，城镇化则加速扩大了此种风险，最终指向法治与社会正义价值的流失；政治权利得不到保障，则意味着农民工制度化参与程度低，政治参与需求与利益诉求得不到满足，当政治参与要求日益强烈时，则容易出现因政府制度准备不足而导致的非制度化参与的爆炸，从而引起社会秩序混乱与动荡。

（二）碎片化赋权

地方政府与城市政府基于新二元治理体制，建立起具有强烈福利阶层化的地方福利体系，"国家公民身份"被切割为诸多大小不一、含义不同的

"地方公民身份"，其排斥性阻碍农民工的迁徙与融入，以及全国统一的劳动力市场形成，固化了"公民身份差序格局"。其中，社会权利"碎片化"赋权尤为突出，具体表现为基于户籍的社会保障碎片化以及覆盖面狭窄、可及性缺失、在流动中空洞化等。农民工的"退保潮"是其引发的直接后果之一。而造成农民工社会保障碎片化等问题的最主要原因在于中央社保政策反应迟钝，[22]即国家缺位。其严重风险在于农民工社会权利虽在中央政策文本层面优先全面赋权，但与地方政策执行间的差距逐渐扩大，使农民工对自身所享权利期望与现实待遇之间的鸿沟逐渐加深，相对剥夺感转变成潜在的怨恨乃至实际的泄愤行为，对社会稳定构成巨大威胁。[23]国家对农民工的责任在其流动中虚化，进而削减了农民工对国家权威与制度的认同。此外，"发展型"地方政府的经济增长追求对资本的依赖性，导致了"冲向底线的赛跑"，①致使"地方公民身份"强化了农民工的弱势地位，无助于缓和阶级分化与阶级冲突。[24]

（三）个体化赋权

农民工从相对独立封闭的农村共同体中脱嵌，卷入了市场化、工业化、城市化、全球化等多重因素交织的现代化风险体系之中，成为最脆弱、最易陷入贫困与边缘化的社会群体，其挑战在于，如何在现代化进程中的个体原子化趋势下有效地将农民工嵌入现代国家、社会与市场，以对抗风险。一般而言，工人的劳动保护集"个体权利"与"集体权利"保护两方面。其中，"个体权利"的内容包括一般个人权利，"集体权利"的内容主要包括工会组织权、集体谈判权、集体争议权。步入21世纪以来，"个体化赋权"构成了中国劳工权益保护的主要路径，其通过建构农民工的"个别劳动关系"，以及为"个体权利"积极立法[25]来进行。其中，"个别劳动关系"的建构是指通过劳动合同、工伤保险、工资福利等政策，保障农民工

---

①　来源于"race to the bottom"，译为"竞次"，是市场化与行政监管地方分权同时并存的必然结果，这种发展模式容易造成对弱势群体的剥夺，突破劳工阶层的权利底线。参见 Xiang Tang, The Race to the Bottom – the Crux of Contemporary China's Socio – Economic Problems, Social Science Electronic Publishing, 2009.

在市场中的权利；"个体权利"积极立法是指通过养老、医疗保险、教育等政策，保障农民工与市民平等的社会权利。然而，由于"集体权利"的缺失，"个体化赋权"的权利在农民工这一弱势群体身上往往难以保障，且容易被漠视、被直接侵害。如国家统计局《2014年农民工监测报告》所指出的，2014年"五险一金"的参保率分别为：工伤保险26.2%、医疗保险17.6%、养老保险16.7%、失业保险10.5%、生育保险7.8%、住房公积金5.5%；签订劳动合同的农民工比重仅为38%。与此同时，当前劳资矛盾处理中的农民工个人维权框架的限度极其明显，国家仅仅通过法律、司法途径已无法解决大量的劳资利益冲突；现行工会体制下，工会也未能充分代表农民工的利益诉求。部分农民工通过理性、有序的集体抗议包括集体谈判、罢工等，推动了地方工会民主选举、集体协商等变革，实现了合理诉求，但更多的是无序罢工与激烈冲突，使劳资双方以及地方政府都付出了巨大代价。

（四）被动式赋权

改革开放以来，国家对农民工的赋权处于被动和从属状态。国家（制度供给者）对农民工这一新工人阶级的吸纳与回应呈现被动性、滞后性以及应急性，地方与城市政府的权变策略又在分割"国家自主性"的基础上放大了此种滞后效应。国家赋权被动滞后往往引发不良后果，西方国家如英国由于政治、社会权利赋权滞后，导致工人运动、阶级斗争等政治社会动荡冲突主导了其19世纪历史进程。但值得借鉴的是，英国通过主动的体制、制度的调整、建构与吸纳（如议会、选举改革，1871年通过世界上第一个《工会法》，实施社会保障）等赋权策略，在体制、制度框架内化社会冲突为社会融合，实现政治、经济与社会的稳定发展。当下中国，农民工作为新工人阶级，代际更替中"规则意识"逐渐式微与公民权利意识上升[①]等因素，已对被动滞后的国家赋权形成严峻挑战，如大量基于互联网媒介

---

① 裴宜理（2008）认为，西方权利观念是对抗国家的自我保护机制，权利是通过斗争、抗争获致的；但中国权利观念更多地倾向于被认为是一种"规则意识"，权利是由国家赋予旨在增进国家统一和繁荣的手段。然而大量研究发现，新生代农民工的规则意识正在向积极的权利意识转变。

产生的新生代农民工集体行动，对社会权利被剥夺、缺乏制度化利益表达渠道的抗争。农业户口终结后，民工代际更替、老龄化加剧，以及城镇化、市场化、工业化、信息化、全球化的快速推进，对国家积极有效赋权提出了更为紧迫的要求。

四、研究结论与政策启示

（一）研究结论

其一，农民工市民化的过程是城乡一体、工农平权的过程，实质是现代公民身份及其权利的实现，与中国现代国家构建是同一进程，是其重要内容。现行宪法赋予了农民工与市民平等的公民身份以及权利，城乡二元治理体制以地域社区成员身份以及户籍身份僭越公民身份，形成农民工与市民权利的差序格局，一方面是权利不平等（差），另一方面是被忽视的民事、政治与社会权利发展失衡（序）。

其二，改革开放以来，农民工权利变迁进程，从权利内容变化来看，是一个迈向现代公民身份、工农平权的过程，农民工与市民的权利"差"逐步缩小；在权利演进序列上则不同于马歇尔的经典序列，初步呈现出"民事权利—社会权利—政治权利"的"序列"特征，二者共同构成了中国农民工特有的"公民身份差序格局"。[①]

其三，基于"行政赋权"机制主导的农民工赋权路径在赋予农民工广泛的现代公民身份权利的同时，也呈现出"非均衡赋权、碎片化赋权、个体化赋权、被动式赋权"的特征与问题，潜藏着弱化国家权威与制度认同、社会冲突以及秩序失控等政治社会风险。

---

① 当代世界历史经验表明，平等公民身份权利在现代国家中并非常态，公民身份权利经常表现为不平等，或是具有等差、层级化的状态。对于这一状态，英文文献中已有"differential citizenship"这一概念进行经验性分析；中文文献中则有学者提出"公民身份差序"这一概念。从其使用状况来看，"公民身份差序"概念主要在本文所指的农民工与市民权利的"差"的意义上使用。本文提出的"公民身份差序格局"，既指农民工与市民权利的"差"，也指农民工公民身份权利演进的"序"，并称"差序"。

（二）政策启示

从"全面限禁→规范控制→有序引导→规范流动"，直至农民工"有序"市民化，秩序诉求历来是农民工公共政策的首要价值考量。然而，现代国家与社会维系稳定和促进社会进步的排他性制度构建导向，是从强制性的"集体排他"转向机会平等的"个体排他"（如考试制度）。[26] 从根本上而言，国家创制公民身份权利的平等配置、保护和实现机制才是维系政治社会稳定的根本。

基于本文的研究结论，要实现有序市民化，农民工公共政策以及制度建构：（1）从长远看，需要国家解构"公民身份差序格局"，实现工农平权：一方面，"找回国家""地方公民身份"必须让位于"国家公民身份"。现代国家一般在全国范围内统一配置公民身份，联结个体与共同体。普遍性、包容性的"国家公民身份"应取代具有排斥性的以省域（及其以下）为统筹单位的"地方公民身份"，即中央政府应强化社会保障、福利供给及其制度建构的事权，实现国家统筹与全国统一标准。只有中央政府担负相当程度的责任，才能实现最低限度的公民权。另一方面，构建现代国家，实现农民工民事、政治、社会三权均衡发展。公民身份权利保障是现代国家建构的基础与前提，因为公民在追求与实现民事权利、政治权利、社会权利的过程所形成与确立的"现代国家认同"，一旦失去，现代国家就不存在生命与意义。[27] 之于农民工，首先，也是最为必要的，是在城镇化加速推进、促进农民工市民化进程中，国家需要切实推进以确权于农民为导向的农村产权制度改革；其次，实现平等的民事、政治、社会权利的关键在于以社会主义民主为目标的政治改革。[28] 从中国经验看，包括选举制度、民主协商制度、工会制度等在内的一系列制度改革，对于切实维护农民工合法的政治经济权益具有实质性重大意义。

（2）从当前看，需要国家赋予农民工"集体权利"，规范有序地构建农民工"工业公民身份"，以及社区动员与支持，开放包容地构建农民工城市"社区公民身份"。这是现阶段农民工实现平等公民身份的当务之急和重要内容。

其一，"工业公民身份"（industrial citizenship，由 T. H. 马歇尔提出，内核是集体权利），是指工人阶级通过工会集体行使民事权利，创造的以工会制度为基础、与政治权利平行并作为其补充的公民身份体系，用以获得最低保障和与经济发展水平相适应的工资与企业福利。它是民事权利的延伸，又属政治权利制度化的产物，有助于实现三权均衡发展。之于中国农民工，应当将其纳入工会体制，探索工会民主选举，落实工资集体协商制度，将农民工"集体权利"纳入体制、法制轨道，如集体争议权立法，以法律手段规范有序集体争议。这些"集体赋权"策略有助于中国的劳动关系从目前着重于"个别劳动关系"调整过渡到以"集体劳动关系"的构建与调整为主体，[29]弥补农民工"个体权利"赋权的限度。

其二，"社区公民身份"，是指农民工有权平等地享有移居城市各种公共服务与社会福利，有权平等参与所在城市社区自治与管理的权利等，这是农民工融入城市社区以及社会生活得到必要理解和尊重的前提。城市社区是农民工融入城市的最佳平台，"融入社区的再社会化过程可以超越户籍等外在屏障而融入城市生活方式之中"，[30]有助于化整为零地解构目前农民工集体贫困、边缘化的生产生活，化解针对农民工的社会排斥与歧视，消减农民工与城市社会间的心理隔阂、对立情绪，促进农民工市民化的和谐有序。因此，应当通过法律、制度以及管理的创新，赋予农民工社区公民身份，健全覆盖农民工的社区服务和管理体系，保障农民工参与社区自治与管理的权利，大力发展社区文化生活等。

参考文献

［1］徐增阳．民工、民工问题与民工的"终结"［J］．宁波党校学报，2007（1）．

［2］商红日．社会冲突的深层根源及其政治哲学思考［J］．上海师范大学学报，2011（6）．

［3］［5］吴介民．永远的异乡客？公民身份差序与中国农民工阶级［J］．台湾社会学，2011（21）．

［4］杨菊华．城乡差分与内外之别：流动人口社会保障研究［J］．人口研究，2011（5）．

［6］陈映芳．城市中国的逻辑［M］．北京：三联书店，2012：370～372．

［7］［印］阿马蒂亚·森．贫困与饥荒——论权利与剥夺［M］．王宇译．北京：商务印书馆，2001：13．

［8］毛寿龙．坐而论道、为公立学：制度分析与公共政策分析序言［OL］．人民网，2005 - 12 - 14，http：//theory. people. com. cn/GB/40764/55938/55940/3943289. html.

［9］郭忠华．农民工公民身份权利的分析框架——本土化创新的尝试［J］．人文杂志，2015（2）．

［10］［英］安东尼·吉登斯．阶级分化、阶级冲突与公民身份权利［J］．熊美娟译．公共行政评论，2008（6）．

［11］［英］彼得·德怀尔．理解社会公民身份［M］．蒋晓阳译．北京：北京大学出版社，2011：7．

［12］［美］裴宜理．中国人的"权利"概念（上）［J］．余锏译．国外理论动态，2008（2）．

［13］［美］托马斯·雅诺斯基．公民与文明社会［M］．柯雄译．沈阳：辽宁教育出版社，2000：264．

［14］岳经纶．农民工的社会保护：劳动政策的视角［J］．中国人民大学学报，2006（6）．

［15］孙立平．失衡：断裂社会的运作逻辑［M］．北京：社会科学文献出版社，2004：8．

［16］［美］托尼·赛奇．中国社会福利政策：迈向社会公民权［J］．周凤华译．华中师范大学学报，2012（4）．

［17］杨团．社会政策研究范式的演化及其启示［J］．中国社会科学，2002（4）．

［18］王兆国．解决流动人口参加工作地县乡直接选举问题条件还不具

备 [OL]．人民网，2010 - 03 - 08，http：//2010lianghui. people. com. cn/GB/181624/11093224. html.

[19] 徐勇．把农民工纳入到有序政治参与中来 [OL]．中国社会科学网，2010 - 04 - 19，http：//www. cssn. cn/ddzg/ldhc/201004/t20100419_811735. shtml.

[20] 蔡禾．行政赋权与劳动赋权：农民工权利变迁的制度文本分析 [J]．开放时代，2009 (6)．

[21] [英] 恩靳·伊辛、[英] 布赖恩·特纳著．公民权研究手册 [M]．王小章译．杭州：浙江人民出版社，2007：98．

[22] 郑秉文．改革开放 30 年中国流动人口社会保障的发展与挑战 [J]．中国人口科学，2008 (5)．

[23] 岳经纶．社会公民权与社会稳定 [J]．二十一世纪，2013 (1)．

[24] 熊易寒．新生代农民工与公民权政治的兴起 [J]．开放时代，2012 (11)．

[25] 陈峰．罢工潮与工人集体权利的建构 [J]．二十一世纪，2011 (2)．

[26] Frank Parkin, Marxism and Class Theory：A Bourgeois Critique, Columbia University Press, 1979, p. 11 ~ 13.

[27] 林尚立．现代国家认同建构的政治逻辑 [J]．中国社会科学，2013 (8)．

[28] 俞可平．新移民运动、公民身份与制度变迁 [J]．经济社会体制比较，2010 (1)．

[29] 常凯．劳动关系的集体化转型与政府劳工政策的完善 [J]．中国社会科学，2013 (6)．

[30] 时立荣．透过社区看农民工的城市融入问题 [J]．新视野，2005 (4)．

户籍改革背景下随迁子女义务教育问题研究

◎胡浩钰

中南财经政法大学公共管理学院，湖北武汉，430073

摘　要： 解决好进城务工人员随迁子女的义务教育问题是促进教育公平和确保地区经济持续健康发展的一个重要举措。鉴于随迁子女义务教育问题的妥善解决能带来增加平等享受义务教育机会与促进学龄儿童身心健康发展的机遇，我们理当加快解决教育经费分担、教育容量、优质教育资源分配、防流控辍、民办教育发展等问题的行动步伐，通过提出建立健全随迁子女义务教育经费分担机制、挖掘与整合教育资源、完善居住证制度、打造大数据学籍管理平台、推行教育券制度等对策建议来尽快推动户籍改革之教育配套工作的顺利落实。

关键词： 随迁子女　义务教育　政策建议

一、问题的提出

近年来，随着城市化进程的不断加快，大量务工人员为谋求更多的就业机会纷纷选择涌入城市。这一群体作出的巨大贡献虽然促进了城市经济的腾飞，但同时也带来了包括随迁子女在流入地接受义务教育服务困难在内的诸多公共问题。2014年7月国务院正式出台的户籍改革文件标志着长期以来存在的城乡二元户籍分割制度已被破除，这也为消除户籍上捆绑的社会附加功能，切断户籍身份与利益之间的关联，实现城乡一体化管理创造了有利条件。但是该文件在随迁子女的义务教育方面尚未配套出台相关细则，造成了教育经费分担不均、教育容量不足、优质教育资源分配不合理以及防流控辍工作滞后等一系列问题。由于随迁子女平等享有义务教育机会不仅对家庭本身至关重要，而且也将持续影响整个社会的发展与进步，因而凸显了研究户籍改革之教育配套改革问题的重大理论与现实意义。

二、户籍改革中随迁子女义务教育上的现实问题

户籍改革中文件再次明确提出解决随迁子女的义务教育问题将继续坚持以流入地为主，以公办中小学为主的"两为主"政策和"就近入学"的办法。具体而言，即要求流入地政府加快扩建、新建公办学校与发展民办学校的步伐，不断扩大提供义务教育学校的容量。这无疑将极大地增加农业转移人口及其他常住人口随迁子女平等享有义务教育的机会。但是尚存在以下几个重要现实问题未能妥善解决，严重阻碍了户籍改革政策方案的有效落实。

（一）教育经费分担问题

自2006年9月1日起正式实施的《中华人民共和国义务教育法（修订稿）》明确规定义务教育经费投入由国务院和地方各级人民政府共同负担，省、自治区、直辖市人民政府负责统筹落实，进城务工人员随迁子女义务教育经费由流入地区一级政府负责，省级政府统筹。但在具体实施过程中，该政策仅对流入地政府提出了教育投入和管理上的要求，尚未明确中央、省、流出地、流入地政府四方的教育经费投入比例，甚至也没有赋予流入地政府征收财税的权限，致使其在处理进城务工人员随迁子女义务教育问题上遭遇了"事权与财权不对等"的问题（葛新斌，2009），直接影响了其工作的积极性。此外，该法规再次明确义务教育将坚持"属地化

管理"办法，致使地方财政部门和教育部门采取与户籍人口相捆绑的教育经费拨付方式，这样即便进城务工人员随迁子女能顺利进入城市学校就读，也没有办法获得所在城市政府提供的补贴，且当该群体成员一旦离开户籍所在地时，其义务教育权利的制度性保障也就随之丧失，"双重困境"致使进城务工人员随迁子女在流入地区很可能成为弱势群体（马良，2006）。

（二）教育容量问题

义务教育容量问题通常采用义务教育学校供给量、随迁子女人数与师生比等指标来进行衡量。文章首先通过对 2009—2013 年随迁子女在中小学在读的数量（万人）和义务教育学校供给量（所）的数据进行汇总得知，近几年来尽管义务教育阶段的中小学校供给量呈上升趋势，但因城镇化规模不断扩大使得越来越多的进城务工人员涌入城市，其随迁子女人数也随之不断上升，总体上目前中小学校仍呈"供不应求"的状态（见图1、图2）。

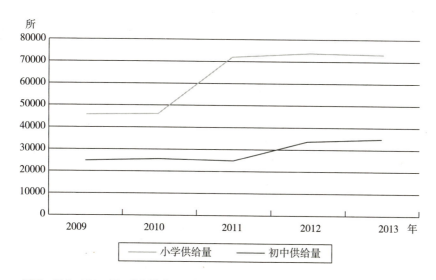

说明：图1、图2、图3数据均来源于中国统计年鉴与全国教育事业发展统计公报（2010—2014 年）。

图1　2009—2013 年城镇义务教育阶段学校统计

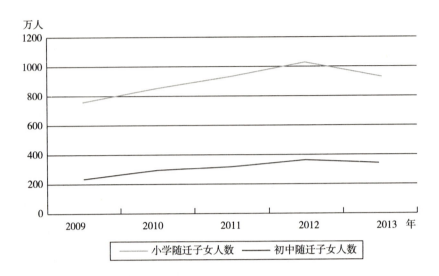

图2 2009—2013年城镇义务教育阶段学校在读随迁子女人数统计

其次，在师生比指标上，表现同中小学校供求状况类似，即城市中的公办学校和优质民办学校的师生比例日益提升（见图3）。这在小学表现得尤为明显，因其师生比例高于初中，这样既赋予了小学教师更大的责任，使得其工作压力大幅增加，又严重影响了在基础阶段的小学生接受义务教育的质量。

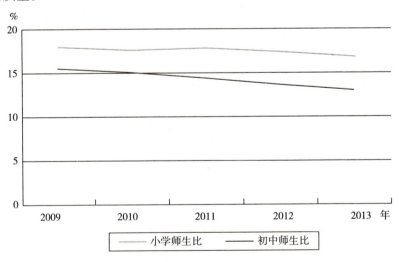

图3 2009—2013年城镇义务教育阶段学校师生比统计

最后，由于近年来教育资源的有限性，加之优质教育资源的稀缺性，使得教学水平中等及以上的学校学生人数过分集中，"大班额"的现象普遍存在，这样下去如果不严加控制的话可能会致使教学质量出现"边际递减"现象，最终阻碍整体教育水平的提升（李琰等，2010）。

（三）优质教育资源分配问题

自 2001 年 5 月在国务院颁布《关于基础教育改革与发展的决定》中首次明确提出对进城务工人员随迁子女就学"以流入地政府和公办中小学管理为主"的就学方式以来，国家十多年来一直倡导"两为主"政策，并要求地方政府积极出台配套办法保证随迁子女能"就近入学"，以保障其平等享受义务教育的机会（李楠，2015）。但是目前因"居住证"制度尚未广泛推行，以及鉴于城市中的优质教育资源在公办学校和民办学校间分布不均，公办学校往往集聚了更多优质教育资源的特点，进城务工人员又通常集聚在城中村或城郊结合部区域，这些地段优质教育资源往往分布较少，加之其很难及时办理"居住证"，致使其随迁子女很难享受"划片就近入学"方案带来的实惠。由此可见，具有本地户籍的学龄儿童则有更多机会享受优质的义务教育资源，导致拥有本地户籍的学龄儿童在教育资源分配上对随迁子女产生"挤出效应"的表现。

（四）防流控辍问题

进城务工人员流动性强且伴随着无规律流动的趋势，以及部分人员居无定所等现象致使其在当地学校就读的随迁子女转学频率偏高，甚至存在部分学生不办理任何转学手续就擅自离校，给学校"防流控辍"和学籍管理工作造成了重大障碍（李承杰，2015）。具体而言，由于流入地与流出地政府之间未建立包括联网运行的学籍管理系统等在内的有效沟通机制，使得流出地政府对义务教育阶段学生的就读情况难以进行及时跟踪管理，甚至完全不知晓随迁子女的流动与辍学情况。换言之，义务教育阶段高辍学率对学龄儿童自身而言，既不利于其身心健康发展，又可能因自身人力资本不足致使失业率上升；对社会而言，学龄儿童犯罪案件的增加可能影响其稳定状况；最后对经济发展而言，它还可能因社会环境的不稳定，进而阻碍经济的可持续健康发展。

（五）民办教育发展问题

当前户籍改革背景下城镇化进程不断加快，越来越多的农村人口及其随迁子女纷纷涌入城市，造成该地域义务教育容量严重不足。虽然国家对此提出了"两为主"政策和"就近入学"的管理办法，但地方政府因经费分担比例不明，致使其财政负担沉重等情况无法加大对民办教育的投入，阻碍了民办教育的发展。具体而言，现阶段各类民办学校和农民工子弟学校（私立贵族学校不纳入其中）普遍存在办学条件差、教学质量低的境况，加之政府教育财政经费主要投向公办学校，使得其只能基本解决农民工子女"能上学"问题，而在"上好学"问题上无法保证。此外，由于流入地公办学校入学门槛高，即使有剩余名额的公办学校也须缴纳高额"借读费"，因而导致农民工子弟学校成为随迁子女上学读书的最优选择。但这类学校呈现出校舍简陋、教学设备匮乏、教师素质低且流动性大、教学质量堪忧的特点，加之教育主管部门的严重"缺位"，致使其与公办学校相比差距不断扩大，直接引致了义务教育资源的分配不均衡现象（黄红球，2012）。

三、随迁子女义务教育改革政策建议

（一）建立健全随迁子女义务教育经费分担机制

鉴于"两为主"政策最大的弊端是财权与事权的不对等（刘俊贵等，2013），故中央应统筹考虑充分利用全国中小学生学籍信息管理系统，通过"大数据"平台对随迁子女的异动进行动态监测，并由此尽快构建四方共担的随迁子女义务教育经费转移支付制度，具体包括采取"对于省内流动的随迁子女义务教育经费保障由省级统筹，跨省流动的随迁子女义务教育经费保障由中央财政承担"等手段解决好"流出地政府不担责"的弊病，切实将进城务工人员随迁子女的义务教育经费保障纳入规范化、制度化和法制化的轨道（吴开俊等，2011）。

具体而言，我们不妨借鉴德国实施"政府规制模式"后取得较大社会效益的经验，其规定"德国中小学均由政府负责筹办，联邦政府、州政府和地方政府三方是经费的承担主体（其中联邦政府负担 10%，州政府和地方政府共同负担 90%）（张坤，2008）。"对此，我们应加快明确中央—省—流入地—流出地的义务教育经费分担比例，对省外流入的随迁子女建立起以中央为主地方为辅的四方责任分担机制，对于省内异地流动的随迁子女则坚持以流入地政府为主要责任方的分担机制，努力避免政策因责任界定不清晰而难以落实的问题发生。

（二）挖掘与整合教育资源

针对日前教育资源供求矛盾突出的问题，地方政府首先应加快在随迁子女相对集中的区域采取包括扩建、新建公办学校与发展民办学校并举在内的办法，鼓励引入民间资本来充分挖掘、开拓教育资源，提高公办学校和民办学校对随迁子女接受教育的承载力，尽力满足进城务工人员随迁子女平等接受义务教育的需求（吴开俊等，2009）。

其次，在师资力量方面，宜推广"县（区）管校用"的办法，根据学校接收随迁子女的实际数量，如可将师生比例低的学校老师调入师生比例高的学校，通过对区域内的教师进行动态调整，以应对高师生比例学校师资力量紧张而影响教学质量的不利局面产生。

最后，可通过严格的甄选机制将一些办学资质较好的民办学校纳入统一管理体系，在经费投入、师资队伍建设和教学设备一起优化等方面给予支持，有效规范和引导这类民办学校的办学行为，提升其教学水平，从而缩小与公办学校的差距，努力促使其在公办学校教育资源紧缺的境况下有效发挥"替代"作用。

（三）完善居住证制度

通过加快居住证的建设步伐，将能有效保障义务教育免试就近入学、试行学区制和九年一贯对口招生等配套方案的顺利推行。

具体而言，国家在 2014 年出台的最新户籍改革文件中明确提出将根据城市经济发展状况与规模来对"居住证"制度进行分类改革、分类管理，即全面放开建制镇和小城市落户限制、有序放开中等城市落户限制、合理确定大城市落户条件、严格控制特大城市人口规模。此外，国务院也严格要求各地认真落实优先解决存量的要求，重点解决进城时间长、就业能力强、可以适应城镇产业转型升级和市场竞争环境的人员落户问题。上述文件内容表明针对随迁子女将会采取根据其"居住证"所在地域来就近选择学校的办法，保障其平等接受义务教育的机会，这样一来将极大地促进各区域内义务教育资源的均衡发展。

（四）打造大数据学籍管理平台

目前国家正大力倡导"互联网＋"的优势，强调利用信息通信技术以及互联网平台，让互联网与传统行业进行深度融合，进而创造新的发展生态。针对现阶段流入地、流出地政府间在义务教育经费分担机制上责任模糊的问题，通过充分利用"大数据平台"，打造"互联网＋"学籍管理系统，既有利于促成"经费随学籍走"的新局面，又将在很大程度上增强防流控辍工作的落实力度。

具体而言，教育部规定"对于义务教育阶段进城务工人员随迁子女辍学的，就读学校的学籍主管部门应于学期末将学生学籍档案转交其户籍所在地县级教育行政部门。"但是因两地政府间尚未建立有效的教育问题"互联互通"协调机制，造成这一工作未能落实到位。因此，各级政府应积极搭乘当前"互联网＋"的快车，尽快通力协作，建成大数据学籍管理平台，这将极大地促进"防流控辍"工作顺利推进。

（五）推行教育券制度

"教育券"制度自2001年在浙江省长兴县推行以来，取得了较大的社会效益。该县的具体做法是首先公布收取教育券的学校名单，然后通过将具有"购物券"功能的教育券发放给随迁子女家庭，以助其自由选择收取教育券的学校入学，进而促进教育财政经费的有效落实以及实现教育资源的合理配置。

目前深圳市光明特区试行的"教育券"制度和惠州各县（区）推行的"电子教育券"制度，对进城务工人员随迁子女选择进入民办学校学习的，以教育券抵扣学费，促进了民办教育事业的发展和办学质量的大幅提升。

此外，该措施也将促进"防流控辍"工作的有效落实。鉴于外来务工人员家庭流动性强，经济能力有限的特性，教育券的广泛推行能帮助其减轻教育负担，也能在一定范围内降低其随迁子女的辍学率。

参考文献

[1] 葛新斌."两为主"政策中的政府投入责任探析 [J]. 教育发展研究，2009（2）.

[2] 马良. 对流动人口子女学校教育两种途径的评价 [J]. 安徽大学学报（哲学社会科学版），2006（6）.

[3] 李琰、王献玲."大班额"视角下义务教育公平问题浅析 [J]. 天津师范大学学报（社科版），2010（3）.

[4] 李楠、和学新. 进城务工人员随迁子女教育政策研究 [J]. 中国国情国力，2015（8）.

[5] 李承杰. 中山市异地务工人员随迁子女义务教育问题研究 [J]. 社会工作与管理，2015（3）.

[6] 黄红球. 城市化进程中农民工子女教育存在的问题及解决途径——以广州市为例 [J]. 农业经济，2012（12）.

[7] 刘俊贵，王鑫鑫. 农民工随迁子女义务教育经费保障问题及对策研究 [J]. 教育研究，2013（9）.

[8] 吴开俊，吴宏超. 珠三角地区进城务工人员随迁子女义务教育问题研究 [J]. 教育研究，2011（12）.

[9] 张坤. 德国义务教育发展特色及启示 [J]. 现代教育科学，2008（3）.

[10] 吴开俊，刘力强. 珠三角地区非户籍务工人员子女义务教育问题探讨 [J]. 教育发展研究，2009（2）.

社会办医的意义、特点及发展趋势研究

◎黄明安　张　露

湖北中医药大学、中医药发展研究中心，湖北武汉，430065

摘　要：本文从社会办医是深化医药卫生体制综合改革的重要内容、社会办医有利于满足人民群众多样化健康需求、社会办医引入了先进的管理理念、社会办医注重了自身的品牌建设、社会办医完善了相关政策措施、转变卫生发展方式、逐步提高社会办医比重六个方面阐述了社会办医的意义；从各级政府高度重视、政策措施切实可行、发展速度不断加快、公立民营优势互补、高端医疗将成五个方面阐述了社会办医的特点；并着重论述了社会办医的发展趋势，无论对于从事社会办医的管理者还是研究者、工作者均有参考、启示和借鉴作用。

关键词：社会办医　意义特点　发展趋势

社会办医疗与公立医疗同属于公益性事业。发展社会办医，是深化医药卫生体制改革、促进健康服务业发展的一项重要任务，是转变卫生发展方式、优化卫生资源配置的重要举措，是增加卫生资源供给、满足人民群众多层次医疗卫生服务需求的重要途径。社会办医的意义深远、特点明显、发展趋势不言而喻。

一、社会办医的意义

（一）社会办医是深化医药卫生体制综合改革的重要内容

党的十八大报告明确提出，"深化公立医院改革，鼓励社会办医"，这是深化医药卫生体制综合改革进入攻坚阶段的重点内容，是进一步推动医疗卫生事业科学发展的重要举措，目的就是要通过形成公立医院和非公立医院分工协作、多元发展的办医格局，为提高人民健康水平提供更好的制度保证。[1]

（二）社会办医有利于满足人民群众多样化健康需求

鼓励社会办医，重点是吸引社会资本多种形式提供医疗服务，扩大健康服务选择范围。社会办医对于满足多样化健康需求意义重大，将非基本医疗卫生服务更多交给社会和市场，有利于政府集中力量履行保障人人享有基本医疗卫生服务的重大责任。对于满足人民群众日益增长的、不同层次的医疗卫生服务需求具有重要的作用。

（三）社会办医引入了先进的管理理念

非公立医疗机构普遍引进了很多先进的管理理念和方式，改善服务流程，注重人文关怀，不断提升管理效率和服务质量。天津新世界儿童医院药占比只有10%。原来在公立医院工作过的几位护士长说，医院对高级、中级和初级护士实行分层、分级管理，并实行不同的管理和薪酬政策，这与公立医院相比存在很大的差异性。医院实行灵活的工资政策，基本工资与教育背景、资历相关，约占总额的2/3；绩效工资浮动比较大，与劳动强度、技术含量等因素相关，做到了以岗定薪。医院护士基本工资一般为2000~8000元。曾经在公立医院工作过的天津美津宜和妇儿医院院长岳天孚说，只要政策好，非公立医院就会发展得很快。由于公立和非公立医院资本来源不同，使得非公立医院经营更加灵活些、服务更好些。在医院里没有闲置的设备，也把人的作用发挥到了极致，能够充分调动每一位员工的积极性。

（四）社会办医注重了自身的品牌建设

很多社会办医医疗机构重视履行社会责任，强化诚信建设，提升道德素质，注重长远发展。大多数非公立医疗机构负责人认为，在医疗机构达到一定规模和服务水平后，都想做成"百年老店"。湖北省咸宁市麻糖风湿病医院，医院起源于 1898 年，由著名风湿病专家、省级非物质文化遗产《镇氏©风湿病疗法及马钱子秘方》第三代代表性传承人镇海馀先生创办于 1976 年，是一所专治风湿、类风湿及痛风性关节炎、强直性脊柱炎等二十多种疑难杂症的二级甲等中医专科医院，其中风湿病科为湖北省中医重点学科，针灸科为咸宁市临床重点学科。医院是医保和新农合定点单位。医院现拥有病床 200 张，配有美国 GE1.5T 超导核磁共振、国内首台原装进口东芝 Asteion Super 4 螺旋 CT、飞利浦超凡彩超、全自动血液分析仪、全自动尿沉渣分析仪、德国赫尔曼变压臭氧治疗仪、日本偏正光疼痛治疗仪等先进的专科设备。医院运用《镇氏©风湿病疗法及马钱子秘方》治疗风湿病，一百多年来经五代人的努力，将秘方"马钱子散"灵机化裁，研制出治疗风湿、类风湿及痛风性关节炎、强直性脊柱炎、颈腰椎肥大、腰椎间盘脱出、坐骨神经痛、股骨头无菌性坏死、痿软瘫痪症、卒中后遗症等二十多种疑难杂症的"马钱子风湿丸""风湿痹痛丸""马钱子鳖甲丸""马钱子木瓜丸""鳖甲风湿丸""木瓜风湿丸""风湿马钱子散""松龄春"保健酒等系列药品，应用于临床，使许多身患绝症体染沉疴者得以康复，使无数瘫痪病人重新走上工作岗位。据统计，目前累计治愈各类风湿病人逾 180 万人次，有效率达 98% 以上。前来就诊者遍及全国各地，并赢得了美国、日本、意大利、新加坡、菲律宾、马来西亚、澳大利亚等二十多个国家和地区患者的青睐。北京平心堂金阳中医门诊部花了 600 多万元出版中医古籍，为挖掘和传播中医的宝贵经验发挥了重要作用。

（五）社会办医完善了相关政策措施

全国已经有 20 多个省份制定了 58 号文件的实施意见或细则，明确了当地社会办医的发展目标和主要措施。温州市委、市政府还专门作出发展社会资本办医的决定，有关部门制定了配套政策，其中不少政策有新的突破。

如为了破解非公立医院融资难问题，完善投融资平台，组建温州卫生发展投资集团公司，为非公立医院提供贷款担保服务。国家卫生行业主管部门也会同有关部门完善了15个社会资本办医的配套政策，在拓展发展空间、纳入医保定点、调整分类管理、促进人员流动、加大财政支持等方面出台了一些新的举措，促进完善了社会资本办医的政策措施。如允许台港澳资本举办独资医院，将非公立医疗机构纳入重点专科建设范围，将中外合资合作医疗机构审批权限下放到省级部门，在公立医院改革试点城市开展医师多点执业试点，非公立医疗机构承担基本公共卫生服务项目可获得政府购买服务补助资金等。[2]

（六）转变卫生发展方式，逐步提高社会办医比重

加快发展社会办医是转变卫生发展方式、优化卫生资源配置的重要举措。在医疗卫生服务领域中逐步提高社会办医比重，有利于引入竞争机制，对医疗资源配置发挥"鲇鱼效应"和"倒逼效应"，使卫生资源配置更合理，系统运行更高效。

二、社会办医的特点

（一）各级政府高度重视

国务院办公厅转发发展改革委、卫生部、财政部、商务部、人力资源社会保障部《关于进一步鼓励和引导社会资本举办医疗机构的意见》（以下简称《社会办医》）。就此，笔者采访了国务院医改领导小组办公室负责人。

问：为什么要出台《社会办医》？答：非公立医疗机构是我国医疗卫生服务体系不可或缺的重要组成部分。改革开放以来，我国非公立医疗机构不断发展壮大。2009年，私营医疗机构数占医疗机构总数的36.06%，但床位数仅占床位总数的5.19%，而且非公立医疗机构仍然以小规模经营为主。社会资本举办发展医疗机构普遍面临准入门槛高、经营压力大、发展空间小、技术人才缺乏、监管机制不健全、社会氛围不佳等困难和问题。鼓励和引导社会资本发展医疗卫生事业，形成投资主体多元化、投资方式多样化的办医体制，是深化医药卫生体制改革确定的基本原则和重要内容，有

利于增加医疗卫生服务资源，扩大服务供给，满足人民群众多层次、多元化的医疗服务需求；有利于建立竞争机制，提高服务效率和质量，完善医疗服务体系，形成公立医疗机构和非公立医疗机构相互促进、共同发展的格局。[3]

各省（市）政府根据国务院2010年出台的58号文件和2013年出台的40号文件，结合本地实际均制订了促进社会办医的政策和方案。

（二）政策措施切实可行

国家卫生计生委、国家中医药管理局印发的《关于加快发展社会办医的若干意见》非常具体，具有很强的操作性。该意见中很多政策都是第一次提出来，比如说把台港澳资本举办独资医院的地域范围进一步扩大，让更多优质的台港澳资本到内地举办高素质、有水平、上层次的民办医院；以及符合其他条件的境外资本可在上海自由贸易区设立独资医疗机构等。[4]北京市促进社会办医政策18条具体意见，河南省为社会办医锯门槛开绿灯，河南省政府下发的《关于进一步完善社会办医支持政策的意见》，亮明了该省扶持社会办医的一揽子"新政"，今后该省新建医疗机构，要优先安排社会资本进入，简化审批手续，实行限时办结；社会办医疗机构，可享受十几个方面的政策保障。[5]深圳酝酿新规，私立医院有望享财政补贴。[6]

福建省在社会办医方面的工作起步较早，先后出台了《关于加快发展民办医院的若干意见》《关于进一步鼓励和引导社会资本举办医疗机构实施意见》《福建省医疗机构设置规划（2011—2015年）》和《关于加强省会中心城市医院资源配置和建设的意见》《关于进一步落实鼓励和引导社会资本举办医疗机构实施细则的通知》，对全省医疗资源进行重新规划，明确公立医院的数量、规模，积极鼓励和支持社会资本和台资举办医疗机构和中间性医疗服务设施，包括康复、护理院、护理站、老年病和慢性病专科医疗机构，明确在调整和新增医疗卫生资源优先考虑社会资本。同时，各有关部门也从放宽规划准入限制、建设用地、税收、医保定点、人才引进、大型医疗设备配置、职称评定、学术科研等方面为民营医院的发展创造好的条件。各级卫生行政部门认真落实，提高办事效率，简化审批程序，积极为投资者提供优质服务，这些举措鼓舞了投资者来福建办医的热情。[7]

（三）发展速度不断加快

在深化医改的带动下，社会资本办医在质和量两个方面都出现明显向好的变化。从全国看，2012年与深化改革前的2008年相比，社会资本办医在机构、床位、服务量和在岗职工数量4个方面要素的增幅高于公立医院。如非公立医院已经达9786家，增加了4383家（增长81.1%），而公立医院为1.34万所，减少了900余所（减少6.3%）。[8]

（四）公立民营优势互补

要进一步加快民营医院和公立医院强强联合，大力吸纳社会资金投入医疗行业，借鉴民营医院先进管理模式，实现优势互补，使公立医院的先进技术和人才充分发挥作用，切实缓解百姓"看病难"。要进一步加快推进民营医院和公立医院共同联合办医的医疗模式。通过公立医院和民营医院的合作，一方面可以有效减轻财政负担，另一方面可以利用公立医院人才、学科、设备等资源优势，扶持民营医院全面发展。要建立人才流动机制，达到一定水平的医生可以选择在民营医院多点执医。政府应对民营医院和公立医院联合办医的医院给予政策上的支持，建立公立医院和民营医院人才待遇相同机制。逐步规范民营医院，由公立医院对协作的民营医院的病人实行全程负责。[9]

（五）高端医疗将成方向

公立医院把持着中低端需求，民营医院的出路就在高端需求领域。面对庞大的需求，北京将引导发展高端民营医院的方向已经确立。市卫生局副巡视员郑晋普在京港卫生合作高层研讨会上透露，北京正在制定《北京市社会资本举办医疗机构促进条例》，将支持发展一批成规模高水平的高端民营医院，通过引导国际知名医疗机构来京办医等方式壮大北京的高端医疗机构。为培育新兴高端医疗服务业态，北京将培育和支持社会资本在高端医疗、商业医疗保险、远程医疗、国际医疗旅游、健康管理、医疗信息服务等领域探索建设高水平、国际化、多层次的服务机构。[10]

三、社会办医的发展趋势

（一）社会办医统一纳入区域卫生规划和医疗机构设置规划

国家卫计委、国家中医药管理局发布的《关于加快发展社会办医的若干意见》（以下简称《意见》），要求各级卫生计生、中医药行政管理部门要转变政府职能，认真履行部门职责，强化行业指导，将社会办医纳入区域卫生规划统筹考虑。各省和地市级人民政府负责制定区域卫生规划和医疗机构设置规划并负责组织实施，不断改善和提高医疗卫生综合服务能力和资源利用效率。要切实将社会办医纳入规划范围。在区域卫生规划和医疗机构设置规划中为非公立医疗机构留出足够空间，优先满足非营利性医疗机构需求。新增卫生资源无论何种资金渠道，须按照有关规划要求和标准进行审批。[11]

（二）留出社会办医的发展空间

《意见》明确规定，按照总量控制、结构调整、规模适度的原则，严格控制公立医院发展规模，留出社会办医的发展空间。公立医院资源丰富的地区，在满足群众基本医疗需求的情况下，支持并优先选择社会信誉好、具有较强管理服务能力的社会资本，通过多种形式参与部分公立医院（包括国有企业所办医院）的改制重组。明确和规范改制的方法、程序和条件，充分听取职工意见，确保职工合法权益，同时要防止国有资产流失。[12]

（三）社会办医的支持力度不断加大

1. 放宽举办主体要求

建立公开、透明、平等、规范的社会办医准入制度。进一步放宽境外资本在内地设立独资医院的范围，按照逐步放开、风险可控的原则，将中国香港、中国澳门和中国台湾服务提供者在内地设立独资医院的地域范围扩大到全国地级以上城市；其他具备条件的境外资本可在中国（上海）自由贸易试验区等特定区域设立独资医疗机构。合理设定中外合资、合作医疗机构境外资本股权比例要求，省级卫生计生部门负责履行独资医院审批职责。

2. 放宽服务领域要求

凡是法律法规没有明令禁入的领域，都要向社会资本开放。鼓励社会资本直接投向资源稀缺及满足多元需求服务领域，举办康复医院、老年病医院、护理院、临终关怀医院等医疗机构，鼓励社会资本举办高水平、规模化的大型医疗机构或向医院集团化发展。积极发展中医类别医疗机构，鼓励社会资本举办中医专科医院，鼓励药品经营企业举办中医坐堂医诊所，鼓励有资质的中医专业技术人员特别是名老中医开办中医诊所。

3. 放宽大型医用设备配置

各地要科学制订本地区大型医用设备配置规划，严格控制公立医疗机构配置，充分考虑非公立医疗机构的发展需要，并按照非公立医疗机构设备配备不低于20%的比例，预留规划空间。按照满足合理需求、保障医疗质量安全的原则，对非公立医疗机构的配置申请，重点考核人员资质、技术能力等相关指标，对床位规模、门急诊人次等业务量评价指标方面的要求，可根据实际情况适当把握。

4. 完善配套支持政策

按照国家有关法律法规和政策规定，在当地政府的统一领导下，各级卫生计生、中医药行政管理部门要加强与有关部门的协调和沟通，允许非公立医疗机构纳入医保定点范围，完善规划布局和用地保障，优化投融资引导政策，完善财税价格政策，非公立医疗机构医疗服务价格实行市场调节价。发挥非公立医疗机构在提供基本公共卫生和医疗服务中的作用，建立健全政府购买社会服务机制。

5. 加快办理审批手续

各地要加快落实非公立与公立医疗机构在设置审批、运行发展等方面同等对待的政策，不得设置法律法规规范以外的歧视性限制条件。对具备相应资质的非公立医疗机构，应按照规定予以批准，加快办理审批手续，简化审批流程，提高审批效率。[13]

（四）支持非公立医疗机构提升服务能力

1. 支持重点专科建设

各级卫生计生、中医药行政管理部门应当加强对非公立医疗机构临床专科能力建设的指导，将其统一纳入临床重点专科建设规划。非公立医疗机构获得国家和省市级重点专科建设项目的，在资金分配等方面给予同等对待。

2. 支持引进和培养人才

将非公立医疗机构所需专业人才纳入当地人才引进总体规划，享有当地政府规定的引进各类人才的同等优惠政策。在引进高层次人才以及开展继续医学教育、全科医生培养、住院医师规范化培训、新技术技能培训等方面，要对非公立医疗机构一视同仁。鼓励非公立医疗机构在业务收入中收取一定比例的教育培训经费。

3. 允许医师多点执业

制定规范的医师多点执业指导意见，重点明确医师多点执业的条件、注册、执业、责任分担等有关内容。卫生计生、中医药行政管理部门对符合条件的医师要及时办理有关手续。允许医务人员在不同举办主体医疗机构之间有序流动，在工龄计算、参加事业单位保险以及人事聘用等方面探索建立公立和非公立医疗机构间的衔接机制。为名老中医多点执业创造有利条件。

4. 支持提升学术地位

协调支持将具备较高管理能力和专业技术水平的非营利性医院优先纳入医学高等院校教学医院范围。鼓励大型公立医疗机构对口支援非公立医疗机构。各医学类行业协会、学术组织和医疗机构评审委员会要平等吸纳非公立医疗机构人员参与，扩大非公立医疗机构人员所占的比例。进一步保障非公立医疗机构在行业协会学会中享有承担与其学术水平和专业能力相适应的职务的机会。

5. 支持开展信息化建设

支持非公立医疗机构加快实现与医疗保障、公立医疗机构等信息系统的互联互通。卫生计生、中医药行政管理部门要按照信息公开的规定，及时公布各类卫生资源配置规划、行业政策、市场需求等方面信息，畅通非公立医疗机构获取相关政策信息的渠道，保障非公立和公立医疗机构在政策知情和信息占用等公共资源共享方面享有平等权益。

（五）加强对民营医疗机构监管

1. 确保医疗服务质量

将民营医疗机构纳入统一的医疗质量控制与评价范围。对民营医疗机构和公立医疗机构在医疗技术临床应用准入管理方面给予同等对待。卫生计生、中医药行政管理部门要切实履行政府监管职责，按照有关法律法规和标准规范，以规范非公立医疗机构的服务行为、提高服务质量和提升服务水平为核心，创新监管手段，加强对非公立医疗机构的监管。同时，充分发挥有关行业协会、社会组织对非公立医疗机构服务质量、服务费用、经营性质等方面的监管作用，建立统一立体的监管体系，实现对非公立医疗机构监管的制度化、常态化，保证医疗质量和医疗安全。严厉打击各类违法违规行为，建立"黑名单"制度。

2. 切实维护医疗秩序

将非公立医疗机构统一纳入医疗纠纷预防、处置管理体系，非公立医疗机构在发生重大医患纠纷时，当地卫生计生、中医药行政管理部门要协调公安等部门积极指导和支持其依法依规处置，维护医患双方的合法权益，保障良好的诊疗秩序。鼓励非公立医疗机构参加医疗责任保险、医疗意外保险等多种形式的执业保险。

3. 推动行业自律和医德医风建设

支持和鼓励有关协会、学会在职责范围内对非公立医疗机构进行行业指导，加强行业自律，维护非公立医疗机构合法权益。支持非公立医疗机构成立独立的行业协会。引导非公立医疗机构增强社会责任意识，坚持以病人为中心，加强医德医风建设，弘扬救死扶伤精神，努力构建和谐医患关系。

社会办医的政策、环境、机遇非常难得，机不可失，社会办医的春天已经到来，公立医院与民营医院优势互补，解决人民群众看病难、看病贵的问题已为期不远。

参考文献

［1］新华网．深化公立医院改革、鼓励社会办医的重点是什么？［OL］．2013 - 02 - 16，2014 - 11 - 30，http：//news. xinhuanet. com/politics/2013 - 02/16/c_114684677. htm.

［2］中华人民共和国国家卫生和计划生育委员会．关于推进社会资本办医的调研报告——国务院医改简报第 15 期［D/OL］．2014 - 11 - 30，http：//www. ahyg. gov. cn/showNews. asp？newsID = 3336.

［3］发展改革委网站．国务院医改办就鼓励引导社会资本办医意见答问［OL］．2010 - 12 - 09，2014 - 11 - 30，http：//www. gov. cn/gzdt/2010 - 12/03/content_1759123. htm.

［4］搜狗百科．国家鼓励社会办医［OL］．2013 - 12 - 17，2014 - 11 - 30，http：//baike. sogou. com/v64247888. htm.

［5］大河网、河南日报［D/OL］．河南省为社会办医锯门槛开绿灯，2014 - 08 - 06，2014 - 11 - 30，http：//www. ha. xinhuanet. com/hnxw/2014 - 08/06/c_1111949945. htm.

［6］医界网编辑21 世纪经济报道．深圳酝酿新规，私立医院有望享财政补贴［OL］．2014 - 11 - 27，2014 - 11 - 30，http：//news. hxyjw. com/news/show - 151362.

［7］洛江新闻网．福建省鼓励和扶持社会资本办医政策解读［OL］．2012 - 10 - 11，2014 - 11 - 30，http：//www. qzlj. gov. cn/pub/news_des - 9721. html.

［8］中华人民共和国国家卫生和计划生育委员会．关于推进社会资本

办医的调研报告——国务院医改简报第 15 期 ［D/OL］. 2014 - 11 - 30，http：//www. ahyg. gov. cn/showNews. asp？newsID = 3336.

［9］天津网—数字报刊. 加快民营医院和公立医院联合 ［D/OL］. 2014 - 01 - 20，2014 - 11 - 30，http：//epaper. tianjinwe. com/tjrb/tjrb/2014 - 01/20/content _ 7028909. htm.

［10］李子君. 高端医疗将成社会化办医方向 ［OL］. 2013 - 10 - 25，2014 - 11 - 30，http：//www. bbtnews. com. cn/news/2013 - 10/25000000136593. shtml.

［11］［12］［13］国家卫生计生委、国家中医药管理局. 关于加快发展社会办医的若干意见 ［D/OL］. 2013 - 12 - 30，2014 - 11 - 30，http：//baike. baidu. com/view/11869711. htm？fr = aladdin.

PPP 模式下的私人企业利益保护

◎刘俊宇

武汉大学社会保障研究中心，湖北武汉，430072

摘　要： 保护 PPP 模式下的私人企业利益，有利于充分吸引社会资金参与公共项目建设，缓解地方债务日趋紧迫的偿债危机，促进实现政府与市场的合理分工。PPP 模式中私人企业合理利益面临的风险主要集中在法规、行政、市场等几个方面。应循序渐进形成一部基础性的指导 PPP 运作的法规，确保 PPP 项目从立项审批到投资营运期内的依法行政和高效行政，通过排他性的合同约定和调节性的财政安排来稳定项目的收益状况。

关键词： PPP　私人企业　利益保护

PPP 字面理解为公共部门—私人企业—合作经营，可简称为公私合作或公私合营，政府文件表述为政府和社会资本合作模式，它是指政府公共部门出于自身发展目标的需要及资金短缺的现实，与私人企业建立某种形式的合作经营关系，为社会提供公共产品或服务，同时私人企业获得合理的回报，既实现公共部门的经济社会发展目标，又满足私人企业的投资经营利益诉求。自 2014 年 9 月以来，国务院、财政部相关文件都要求大力推广 PPP 模式，各地方政府也热烈回应，纷纷出台了政策和措施将部分公共项目推向 PPP 市场。私人企业参与 PPP，能将私人企业的机制、资金优势与公共部门的项目资源优势充分结合互补，实现公共部门的公共经济目标和私人企业的经济效益目标的协同发展。由于私人企业在 PPP 模式中处于相对弱势的地位，只有充分保护好私人企业的合理合法利益，才能让该模式真正推广开去，发挥其应有的作用。

一、保护 PPP 模式下私人企业利益的重要性

首先，有利于充分吸引社会资金参与公共项目建设。城市基础设施项目建设在经济发展的任何阶段都必不可少，特别是在经济下行趋势明显的阶段更是具有明显的拉动效应。部分投资额大、回报期长、收益稳定的公共项目，是有实力的私人企业一直想介入的领域。但出于对于不确定性风险的考虑，加之相对的弱势谈判地位，以及部分领域长期的相对封闭，使私人企业对于介入公共项目兴趣与畏惧并存，机会与风险同在。明确保护私人企业通过 PPP 模式参与公共项目投资运营的合理合法利益，将极大地增强私人企业以 PPP 模式参与公共项目建设的信心，有利于吸引更多的私人企业资金进入公共项目建设领域。

其次，有利于缓解地方债务日趋紧迫的偿债危机。在唯 GDP 政绩观的影响下，地方债务规模急剧上升。审计署审计报告显示，截至 2013 年 6 月底，地方政府负有偿还责任的债务 10.88 万亿元，负有担保责任的债务 2.66 万亿元，可能承担一定救助责任的债务 4.33 万亿元。自 2012 年起地方债已经进入偿债高峰，而作为偿债主要资金来源的地方土地出让金收入面临着房地产市场增长前景不明带来的巨大不确定性，在三四线城市更加明显。迫于严峻的偿债形势，通过借新还旧、不断展期的方式，地方债总体上得以避免出现违约的尴尬局面，既给地方政府背上了沉重的包袱，又给金融系统稳健运行埋下了巨大隐患。通过 PPP 模式引入私人企业对部分合适的地方原有存量公共投资项目进行重组，可以较快地盘活地方资产，为地方提供大量偿债资金来源，缓解偿债危机。

最后，有利于促进实现政府与市场的合理分工。地方政府融资平台在以往承担了过多、过宽的投资职能。无收益的公共项目只能由政府投资，

低收益的私人企业不愿介入，为了平衡资金，地方政府又过多地介入了有收益的公共项目甚至高盈利的市场化领域。这客观上造成了政府与市场的边界不清、公共部门与私人争利的局面，私人企业的生存空间受到挤压。私人企业通过PPP模式介入公共项目投资，可以使政府的投资职能专注于无收益、低收益或是必须由政府投资的公共项目，既缓解政府的资金压力，又有助于形成政府的归政府、市场的归市场的合理分工局面，使经济结构趋于良性。

二、PPP模式下私人企业利益面临的风险

党的十八届三中全会明确了允许社会资本通过特许经营等方式参与城市基础设施投资和运营，国务院、财政部2014年相继出台了一系列关于地方政府债务处理、政府与社会资本合作的文件，都鼓励推广PPP模式，这表明PPP不存在政策风险。事实上，我国从20世纪八九十年代开始就已经通过BOT等多种方式在交通、水务、环保等领域推行了PPP模式，结合历史经验及当前现实，PPP模式中私人企业合理利益面临的风险主要集中在法规、行政、市场等几个方面。

其一是法规风险。法规风险主要表现为法规不全和不到位两个方面。PPP是一种公共部门与私人企业之间的合作模式，具体表现为公共项目特许经营、公共服务外包等多种形式。在现实中视不同情况受到不同的规制制约，法规不全、不到位极容易导致PPP在实际操作中的低效率。法规不全是指到目前还缺乏一部系统的、针对PPP模式的基础性法规来指导、规范PPP模式的运行。如发展改革委受全国人大法工委委托起草中的《基础设施与公用事业特许经营法》并不能涵盖政府购买公共服务等情形。另外，对PPP项目投资人的选定是采取招投标法还是以政府采购形式确定，也容易引起发改委和财政部的争议。法规不到位是指现有法规甚至可能对PPP的正常运作形成副作用。PPP模式下项目选定后，一般会明确项目用地归投资人或项目公司使用，但如何保证PPP项目用地能合法、按约定落实至投资人名下，是现行土地管理法规所不能解决的问题，现有的土地必须招拍挂规

定并不能保证项目用地一定能落在其名下。这些法规风险即不利于有效保护私人企业的合理合法利益，也不利于 PPP 的有效推广。

其二是行政风险。行政风险主要表现在两个方面，一是行政审批的低效率导致项目进展缓慢，二是项目营运过程中由于形势变化导致行政干预项目的营运，这都会对 PPP 模式下私人企业一方的合理合法利益造成直接影响。PPP 项目合作达成后，私人企业一般会先期到位约定比例资金，再开始项目的正常审批流程，但是如果行政审批出现低效率甚至出现反复，将直接影响到私人企业的资金效益。如果出现仓促上马、拍脑袋决策导致的审批失败，将可能导致更大的损失。另外，部分 PPP 模式的公共项目在建设运营之初有可能对当地经济有较大的促进作用，但随着时间推移和形势变化，有可能导致当地公众的不接受，政府有可能通过行政干预来提前终止项目合同，这在以前的收费路桥项目上比较常见。私人企业要么与政府旷日持久地对簿公堂，要么承担提前终止合作的损失，这都对后续的私人企业进入该领域会造成极为不利的影响。

其三是市场风险。市场风险主要表现在项目的特许价值和财务收益两个方面。特许经营是私人企业通过 PPP 介入公共项目的主要方式，但是这种特许是否在一定期限、一定区域内具有排他的性质，很大程度上决定该项目的经营效益好坏。如果由于多种原因导致某一项目在回报期内出现强有力的竞争格局，将导致私人企业的资金回收出现风险。另外，由于公共项目的投资回收期长，不确定因素多，在未来有可能出现超低收益或超高收益的状况。出现超低收益时，项目投资方首先面临的是外部债权人的偿债资金压力，尚不能顾及投资回收的预期。出现超高收益时，又会面临社会公众舆论的压力甚至演变成压力之下的行政干预，为项目的后续正常运作埋下隐患。不论是低收益还是高收益，都容易导致当初合作的双方有可能走向博弈的双输局面。

三、保护 PPP 模式下私人企业利益的对策

其一，循序渐进形成一部基础性的指导 PPP 运作的法规。这部法规应

具有三方面的特点，一是能尽可能地涵盖当前PPP的各种实际运行模式，二是能合理地划分各相关部委的行政权力，三是能尽量协调现有的法律法规。其中，广涵盖面是一个技术性问题，解决难度不大；合理分权涉及各相关部委的行政权力切分，需要针对PPP项目开发经营的一般规律和现实情况来合理划分事权，提高行政效率和监管效率；与现有法律法规有不协调甚至相冲突的，则需要从实际出发，制定合理的PPP法规，并修订现有法规的不合理冲突之处。因此，从务实的角度讲，PPP法规的尽快出台不可能一蹴而就，而很有可能由国务院先出台单行条例来系统地规范PPP的运行，从项目选定、立项、审批、投资、运营等各方面来提供法律保障。然后再通过系统的立法程序，协调修订各不一致的相关法规，最终形成基础性的PPP法规。

其二，确保PPP项目从立项审批到投资营运期内的依法行政和高效行政。地方政府应与对待其他工商业招商引资项目一样，在PPP项目的立项、审批、建设等初期环节上给项目方提供高效率的行政服务和指导，确保项目在初期资金到位之后能如期上马，投资见效。在项目营运期内，政府和项目方都应严守合作契约，项目方保证项目的营运质量，政府按契约约定依法行政，不对项目的正常营运开展不合约定的行政干预。当项目面临不曾约定的、不侵害公共利益的情形时，政府本着协商的态度与项目方共同协商解决，避免出现双方博弈的局面。

其三，通过排他性的合同约定和调节性的财政安排来稳定项目的收益状况。在以特许经营方式引入私人企业介入公共项目时，为保证私人企业的合理合法收益，政府应在一定期限和一定范围内对项目投资方作出适当的排他性承诺，使项目的投资进度和营运收益尽可能符合预期。同时，在双方签订的契约中，应事先对项目可能出现的超高收益和超低收益进行合理的财政调节。公共项目主要为满足公共需要而建，出现超高收益不符合原则，私人企业对此也应有理性认知。同时，私人企业资本的逐利性又使其不愿承受超低收益或亏损的结果。对此，在签署合同之初，政府和项目方应对两种可能的情况明确约定，以调价、补贴、调整合作期限等方式对高收益项目合理摊薄，对低收益项目合理补贴，达到公共部门、私人企业、社会公众三者利益的协调统一。

参考文献

［1］李金波．地方政府融资的 PPP 模式：应用与分析［J］．中国市场，2010（4）．

［2］张恒．关于 PPP 理论的探讨及其在中国适用性的实证研究［J］．生产力研究，2013（1）．

［3］管清友．实施 PPP 项目需协调好利益分配［N］．中国证券报，2014－11－12．